Tu es libre !

Dominique Torrès

Tu es libre !

bayard jeunesse

Dominique Torrès est grand reporter à France 2 depuis trente ans. Elle a voyagé dans le monde entier et a participé pendant neuf ans à une émission sur les droits de l'homme « Résistance ».

Elle a publié « Esclaves » aux éditions Phébus (1993) et a réalisé quatre films sur l'esclavage pour la télévision.

La même année, elle fonde le *Comité contre l'esclavage moderne* et, douze ans plus tard, *Réagir dans le Monde*. Le premier comité lutte contre l'esclavage en France (et il y en a !) et le second en dehors de nos frontières, comme au Niger. Son prochain livre « Lila. Être esclave en France et en mourir », paraîtra en Novembre 2009 aux Éditions Fayard.

Tu es libre ! est son premier roman sur le sujet pour les enfants. L'auteur pense que l'on doit avertir les jeunes pour qu'ils passent le message, reprennent le flambeau et continuent la lutte !

L'éditeur remercie Thomas Leclere
pour sa précieuse collaboration.

Illustration de couverture : Thomas Ehretsmann

© 2008, Bayard Éditions Jeunesse
© 2009, Bayard Éditions
18, rue Barbès, 92128 Montrouge Cedex
ISBN : 978-2-7470-2452-5
Dépôt légal : février 2008
Troisième édition

Loi 49-956 du 16 juillet 1949 sur les publications destinées à la jeunesse
Reproduction, même partielle, interdite

Depuis quand avez-vous rendu les hommes esclaves alors que leurs mères les ont enfantés libres ?

Oumar Ibnoul Khattâb,
le Deuxième Calife de l'Islam

Un jour, à Niamey, j'ai demandé mon chemin pour aller dans un restaurant. Des gens m'ont indiqué une direction quand, soudain, a émergé de nulle part un petit homme en haillons, et pieds nus, qui a proposé de m'y emmener. J'ai refusé, pensant pouvoir me débrouiller seule... J'ai vu alors mon petit bonhomme partir comme une flèche et, dix minutes plus tard, je l'ai retrouvé devant mon restaurant ! Il avait été plus rapide que le taxi ! Il savourait sa victoire. « Ah, tu ne me croyais pas quand je t'ai dit que je savais où c'était ! », m'a-t-il lancé.

Je ne connais pas son nom, j'ignore ce qu'il est devenu. Je sais seulement qu'il vit dans la rue. Je ne crois pas qu'il sache lire, mais c'est à lui que je dédie l'histoire d'Amsy que j'aurais aimé lui raconter...

Je la dédie aussi à Nathanaël, cœur d'or, qui vit au Burundi, et à Anjara, petite tornade, qui habite à Madagascar.

Dominique TORRÈS

1

Se lever ce matin est difficile. Sous la tente, il fait froid.

Amsy sent encore le vent qui, toute la nuit, a balayé la peau de chèvre au-dessus de sa tête, menaçant à chaque instant de s'arracher. À plusieurs reprises, il s'est retourné vers sa mère Takané, couchée sur la natte à ses côtés, et il a bien vu qu'elle non plus ne dormait pas. Elle aussi était inquiète. Si la toile se défaisait des quatre poteaux branlants, ils seraient obligés, tous les deux, de la rattraper au plus vite. Et de tâtonner dans le noir pour tout rattacher.

Tu es libre!

Sans pouvoir compter sur l'aide de personne. Cela s'est produit plus d'une fois ; alors la nuit, quand le vent souffle fort, ni sa mère ni lui ne parviennent à fermer l'œil.

Un coup de coude de sa mère dans les côtes ne lui laisse pas vraiment le choix. Amsy se lève et sort sans dire un mot.

Un regard vers le ciel, et l'enfant sait que les maîtres vont commencer à bouger, à se préparer. Il ne faut plus tarder.

Comme chaque matin, depuis aussi longtemps qu'Amsy s'en souvient, son premier travail consiste à ramasser des brindilles que sa mère utilisera pour allumer le feu des maîtres. Une tâche pas toujours aisée. Le désert est sec, aride, et les arbustes peu nombreux. Dans certains campements comme celui-ci, Amsy peut mettre longtemps – bien trop longtemps au dire des maîtres – pour dénicher du bois. C'est donc presque en courant qu'il se dirige vers le puits. Hier, il a repéré là quelques arbustes maigrichons qui feront l'affaire.

Tu es libre!

La grande tente noire des maîtres est encore silencieuse. Le vent furieux les a-t-il empêchés de dormir, eux aussi? Amsy les imagine, confortablement installés parmi les coussins et les tapis moelleux. S'ils avaient eu le moindre problème, se dit-il, ils auraient appelé leurs esclaves.

Les quatre autres tentes du clan, une vingtaine de mètres plus loin, sont, elles aussi, silencieuses. Plus loin encore, d'autres campements touaregs commencent à être visibles. Il fait encore sombre, mais Amsy distingue déjà les silhouettes des captifs qui, comme lui, se mettent à l'ouvrage.

Amsy connaît tous les esclaves des campements alentour. Les très vieux comme les plus jeunes, les hommes robustes et les petites filles fragiles. Les maîtres n'apprécient pas beaucoup que leurs esclaves se côtoient, mais ils ne peuvent pas les surveiller en permanence. Au milieu de la journée, quand le soleil est brûlant et que les nobles touaregs

Tu es libre!

se reposent sous leurs tentes, les esclaves en profitent pour se retrouver autour du puits de l'oasis.

L'eau est enfouie si profondément dans le sol que, parfois, il faut presque une heure pour remonter le seau. Alors, on en profite : on fait connaissance, on se donne des nouvelles, on se moque des maîtres. Les enfants, s'il leur reste assez d'énergie, s'amusent à se courir après et font semblant de se battre.

Près des puits, à ces heures où la température grimpe jusqu'à cinquante degrés, seuls les esclaves sont dehors. Ce sont des hommes et des femmes vêtus de haillons, des enfants si maigres qu'il est difficile de savoir lesquels sont des filles et lesquels sont des garçons. Tous ont les traits tirés, les yeux vides. Leur peau noire est tannée, ridée comme du parchemin. Leurs maîtres, des nomades à la peau claire, vêtus de bleu indigo, la tête entourée d'un beau turban blanc, jaune ou ocre, font la sieste à l'ombre de leurs tentes. Quant à leurs épouses, elles ne fréquentent jamais les lieux où les esclaves

Tu es libre !

travaillent. Certaines savent à peine où se situe le puits, ni comment on ramasse le bois. La seule chose qui compte, à leurs yeux, c'est que leur vie soit la plus agréable, la plus douce possible, malgré la chaleur, le désert, malgré le soleil qui écrase tout.

Amsy a dû s'éloigner à plusieurs kilomètres du puits. Les arbustes qu'il y avait vus ont été repérés par d'autres ; ils ont déjà été arrachés. Il rassemble sur le sol les rares brindilles qu'il trouve ; ensuite, il les enveloppera dans un pan de sa chemise.

Quand son travail le lui permet, Amsy en profite pour réfléchir un peu et penser à Assibit, sa sœur disparue.

Disparue... Est-ce le mot qui convient ?

Amsy se souvient du jour où leur maître était venu la chercher. Assibit, en larmes, se cachait derrière sa mère. L'homme se voulait rassurant :

— Assibit est une grande et belle jeune fille, désormais. Elle vient d'avoir treize ans et...

15

Tu es libre!

Il n'avait pas terminé sa phrase. De toute façon, un maître n'a aucune explication à fournir à ses esclaves. La plupart du temps, c'est à peine s'il leur adresse la parole.

Takané tremblait de tout son corps. Mais elle craint tellement le maître qu'elle n'avait posé aucune question.

Le père, Backa, parti à la recherche de nouveaux pâturages pour les chameaux, avait déjà quitté le campement pour de longs mois. Aurait-il réagi, s'il avait été là? Amsy est obligé de reconnaître qu'il n'aurait probablement pas eu le courage d'ouvrir la bouche. Son père a appris à se taire depuis trop longtemps, il respecte la tradition. Il a pour les Touaregs une admiration immense, et pour son maître une considération toute particulière.

Amsy, lui, avait osé demander:

— Elle va où, Assibit?

Le maître n'avait pas pris la peine de lui répondre.

Le garçon avait insisté:

Tu es libre !

— On va la revoir bientôt ?

Le maître avait fait « oui » de la tête. Un « oui »
pas vraiment convaincant.

Pour la première fois de sa vie, Amsy avait ressenti
de la rage. Une rage diffuse, mais profonde, plus
profonde encore que le puits de l'oasis.

Lui, à qui on avait appris à se faire minuscule,
presque invisible, à ne pas réfléchir ou penser par
lui-même, il avait éprouvé un sentiment de colère si
violent qu'il avait eu, un instant, envie de sauter à la
gorge de son maître.

On punissait sa sœur alors qu'elle n'avait rien à
se reprocher ! Sa sœur qui était si gentille, tellement
serviable ! On punissait sa mère, qui travaillait nuit
et jour sans recevoir le moindre sourire en échange.
On le punissait, lui aussi, en lui enlevant l'être qu'il
aimait le plus : sa grande sœur, sa confidente, sa
meilleure amie.

Depuis ce jour, la mère d'Amsy était triste à
mourir. Elle ne parlait presque plus. Lorsqu'elle

Tu es libre!

évoquait sa fille, c'était pour dire des choses ano-
dines, comme : « Tu te souviens, Amsy, quand Assibit
battait le mil avec moi ? Elle chantonnait toujours.
Elle inventait de petites chansons. » Takané, alors,
laissait échapper de sa gorge un filet de voix à peine
audible, qui se perdait aussitôt parmi les dunes.

Amsy aurait tant voulu la rassurer ! Mais comment
consoler une mère à qui on a arraché sa fille ?
Backa, son mari, y serait peut-être parvenu, mais il
ne serait pas de retour avant des semaines...

Amsy doit se dépêcher, maintenant. S'il est en
retard et que le thé n'est pas prêt pour le réveil des
femmes touaregs, sa mère risque d'être battue. Et
puis, Seydi, le fils du maître, son frère de lait, lui a
promis de demander à ses cousins où Assibit a été
envoyée ! Peut-être a-t-il déjà obtenu une réponse...

La femme du maître n'avait pas assez de lait pour
nourrir Seydi ; c'est la mère d'Amsy qui l'a allaité.
Depuis, les deux enfants sont comme des frères ou,

Tu es libre!

plutôt, comme des cousins : des cousins dont l'un est riche, privilégié par la vie, et l'autre, pauvre. Le maître ne s'est jamais opposé à leur amitié. Lorsqu'il est de bonne humeur, il les appelle même « les deux seigneurs du désert » : le blanc et le noir !

Seydi est un bon garçon, au caractère entier et généreux. Bien des fois, quand les garçons avaient fait une bêtise, il s'est dénoncé, seul, afin d'éviter la bastonnade à son ami. Lui aussi a été attristé par le départ d'Assibit. Au début, il a surtout eu de la peine pour Amsy et Takané. Puis, très vite, la fillette lui a manqué, autant que lui aurait manqué un membre de sa propre famille. Il a interrogé ses parents, harcelé ses sœurs afin de savoir ce qu'on avait fait d'elle, en vain. On a refusé de le lui révéler, sachant qu'il risquait de tout raconter à Amsy. Quand on sépare des esclaves d'une même famille, on les sépare pour de bon, de manière à ce que jamais ils ne puissent se revoir et qu'ils finissent par s'oublier.

Tu es libre!

Qu'est-il arrivé à la pauvre Assibit? L'a-t-on échangée ou vendue, comme une vulgaire marchandise? Depuis plusieurs années, à cause de la sécheresse, les récoltes sont mauvaises. Les familles de Touaregs ont perdu beaucoup de bêtes et elles ont besoin d'argent.

Qui sait où elle se trouve, à présent? Les Touaregs ne connaissent pas de frontières. Ils ont des relations ou de la famille au Mali, en Mauritanie et même au Tchad, situé pourtant à des milliers de kilomètres d'ici, de l'autre côté du grand désert.

Assibit est-elle devenue la cinquième femme d'un lointain cousin? Le Coran autorise les hommes à avoir quatre femmes légitimes; la cinquième est une esclave. Cette coutume, de plus en plus courante, donne lieu à un véritable commerce à travers l'Afrique.

Seydi a promis à Amsy d'interroger, aujourd'hui, ses cousins des campements voisins.

2

Le front plissé, Amsy balaye des yeux le sol minéral, à la recherche de la plus petite brindille. Ses gestes sont rapides et précis. Sa main se faufile au milieu des buissons d'épineux pour saisir le moindre morceau de bois.

Soudain, il sursaute et se retourne vivement. Un homme est là, près de lui, comme sorti de nulle part, qui le regarde sans bouger.

L'inconnu doit avoir une trentaine d'années. Il a la peau noire, comme lui, mais ses vêtements sont propres et sa tête est ceinte d'un turban arrangé à la

Tu es libre!

manière touareg. Un beau turban, blanc et bien propre.

« Qui peut-il être ? se demande Amsy. Et si c'était un *haratin*[1] ? »

Un de ces anciens esclaves, devenu forgeron, était passé au campement deux ou trois mois plus tôt, à la dernière saison des pluies. Le maître lui avait demandé de transformer des pièces d'or en bijoux afin de les offrir à sa femme et d'enrichir la dot de ses filles.

Amsy l'avait regardé travailler comme on regarde un magicien. Grâce à son chalumeau, l'homme était capable de réparer n'importe quel objet en métal. Pour fabriquer les bijoux, il lui avait suffi de rougir les pièces du maître sous la flamme, puis de taper dessus avec un petit marteau.

Le garçon aurait voulu savoir comment il s'y prenait : avait-il toujours su travailler le métal, ou

---

1. Ancien esclave devenu libre.

22

Tu es libre !

bien était-il allé à l'école pour apprendre son métier ? Au moment où il avait eu le courage de lui parler, le maître avait surgi et l'avait toisé d'un regard noir, méprisant, qui lui avait ôté toute curiosité.

À présent, l'inconnu observe le garçon avec bienveillance. Amsy est surpris : il a rarement été regardé de cette façon par un homme aussi bien habillé.

– Comment te prénommes-tu ? lui demande l'homme.

– Amsy, répond le garçon après avoir dévisagé son interlocuteur pendant plusieurs secondes.

– Tu travailles pour les Touaregs de ce campement, là-bas ?

L'homme désigne les tentes qu'on aperçoit au pied d'une grande dune.

Amsy lui répond d'un signe de tête. Puis, subitement, il s'affole : on l'attend, il n'a pas le temps de discuter, surtout avec un étranger !

23

Tu es libre !

— J'ai du travail, dit-il en serrant ses brindilles contre son ventre.

— Tu ramasses du bois pour le feu. Ta mère doit t'attendre, je comprends. Laisse-moi t'aider.

Aussitôt, l'inconnu repère des branchettes, à dix pas de là et s'empresse d'aller les ramasser.

— Je m'appelle Mouhamed, se présente-t-il en lui offrant son bois. Je suis venu pour te parler. J'ai des choses importantes à te dire. Des choses qui peuvent modifier ta vie.

Amsy est stupéfait. Que cet homme surgi de nulle part l'aide à ramasser son bois est déjà extraordinaire. Mais qu'il se soit déplacé exprès pour lui parler, ça, il a du mal à le croire !

Mouhamed sourit, comme s'il s'amusait de la surprise d'Amsy. Toutefois, il n'y a aucune moquerie dans son attitude, simplement de la gentillesse. Il poursuit :

— Tu es pressé ce matin, je le sais. Mais demain, si tu viens assez tôt, nous aurons un peu plus de temps, et je t'expliquerai...

24

Tu es libre!

– Demain ? répète Amsy, qui ne comprend pas ce qui se passe.

Mouhamed sourit :

– Oui.

L'homme regarde l'enfant dans les yeux et ajoute :

– Demain, si tu veux, je te parlerai de liberté. En attendant, je te demande de me faire confiance et de ne dire à personne que tu m'as rencontré.

– Pourquoi ? veut savoir Amsy, qui sait par expérience que d'habitude, on ne cache que ses bêtises.

– Parce qu'on t'empêchera de me revoir !

– Mais, ma mère... Je peux en parler à ma mère ?

Amsy ne voit pas ce que l'homme pourrait lui dire qui n'intéressera pas aussi sa mère.

– Non, même pas à ta mère. Tu lui parleras plus tard, quand je t'aurai expliqué.

L'homme est tout près de lui, à présent. Il pose une main sur son épaule et répète d'une voix douce :

– Je te fais confiance, Amsy !

Confiance ?

Tu es libre !

Ce mot n'a guère de sens pour Amsy. Le maître et sa femme lui donnent des ordres, et même leurs filles, y compris les plus jeunes. Quant à ses parents, ils lui parlent peu, car, comme tous les parents d'esclaves, ils craignent de se faire punir à cause de leurs enfants. Seul Seydi le traite en égal, quand aucun Touareg n'est là pour le voir.

Confiance...

Amsy se répète le mot. Il le trouve doux, fragile comme un petit oiseau.

Non, décidément, ce mot-là n'est pas pour lui !

Et si l'inconnu le prenait pour un autre ? Pour le fils du maître, par exemple...

Non, c'est impossible : ses vêtements sont déchirés, sa peau est noire. Il faudrait être aveugle pour le prendre pour un Touareg.

Ou alors, l'homme a remarqué qu'il travaillait bien, et il veut lui proposer de devenir son esclave à lui ! Son père, Backa, lui a souvent raconté l'histoire de Babou, un esclave d'un campement voisin, qui

Tu es libre!

était malheureux chez son maître et avait décidé de se faire adopter par un Touareg plus juste. Babou était futé. Pour obtenir ce qu'il voulait, il avait coupé un bout d'oreille à un chameau appartenant au gentil nomade. Ce dernier était allé se plaindre à son maître, qui s'était senti tellement déshonoré qu'il lui avait offert Babou en compensation!

Cette anecdote amusait beaucoup le père d'Amsy qui, pourtant, riait rarement. À la fin de l'histoire, le chamelier reprenait son air grave et concluait à chaque fois :

— Hélas! ce n'est qu'une histoire. Dans la réalité, les maîtres ne sont pas si naïfs. Un esclave qui couperait l'oreille d'un chameau risquerait surtout de se faire battre. Pire, on lui couperait sa propre oreille!

Les questions se bousculent dans la tête d'Amsy. Cet homme a l'air plus gentil que son maître. Chez lui, le travail sera sans doute moins pénible. Qui

Tu es libre!

sait, son épouse est peut-être moins méchante, moins capricieuse que la maîtresse ? Chez les Touaregs, la femme est reine. Elle choisit son mari et peut même le quitter si elle le désire !

Et si Mouhamed refusait de prendre sa mère avec lui ?

Et que dirait son père, à son retour ?

Et sa sœur, Assibit ! Mouhamed l'aiderait-il à la trouver ?

À quoi bon risquer le bâton ou le fouet si, au bout du compte, il s'agit seulement d'appartenir à un autre maître ?

— Je ne veux pas de ton travail ! lui dit Mouhamed avec douceur, comme s'il avait lu dans ses pensées. Je ne veux pas faire de toi mon esclave. Je l'ai moi-même été et je ne souhaite cette vie à personne.

Il attend un instant, scrutant le visage d'Amsy, avant de continuer :

— Alors, tu es d'accord ? Tu as le droit de vivre

Tu es libre !

une autre vie, Amsy. Une vraie vie ! Demain, je t'expliquerai comment.

Qu'est-ce qu'une vraie vie ? Sa vie à lui n'est-elle pas « vraie » ? Elle lui paraît trop vraie, justement ! Et trop dure ! Cependant, il se contente de hocher timidement la tête.

L'homme met son doigt devant la bouche et ajoute tout bas :

– À demain, mon ami. Et souviens-toi : pas un mot.

Amsy le regarde s'éloigner en direction du puits.

« Mon ami. » Mouhamed l'a appelé « mon ami ». Amsy n'en revient pas. Ces mots le suivront tout au long du jour. Comme une brise légère. « Mon ami. »

À son retour au campement, il est rattrapé par la réalité. Amsy a trop tardé ! Le maître, furieux, lui botte brutalement les fesses. Sa femme, assise devant la tente sur un tapis moelleux, attend son thé du matin et s'impatiente.

Tu es libre !

Takané, qu'on a réprimandée à cause du retard de son fils, ne dit rien. D'un geste brusque, elle arrache les brindilles de ses mains et se hâte de préparer le feu. Pour aider sa mère et se faire un peu pardonner, Amsy court derrière la tente chercher la vaisselle de fer-blanc, celle avec des fleurs rouges dessus.

« Si elle savait ce qui vient de se passer ! », frémit-il intérieurement.

Mais que s'est-il passé au juste ?

Un inconnu est venu et lui a parlé comme on parle à un Touareg, avec respect. Amsy n'a pas compris tout ce qu'il lui a dit, mais une chose est sûre : l'homme l'a appelé « mon ami », et ça, c'était bon comme un thé bien sucré.

« Avec un peu de chance, songe-t-il en observant les maîtres qui se désaltèrent, ils en laisseront quelques gouttes et je pourrai boire directement au bec de la théière. »

Amsy aime le thé presque autant que le lait. Or, le lait est une denrée rare réservée aux sœurs de

Tu es libre!

Seydi, afin qu'elles demeurent grassouillettes et bonnes à marier. Il n'en reste jamais.

« Mon ami », lui a dit Mouhamed.

Demain, quoi qu'il arrive, il ira le rejoindre, rien que pour entendre encore ces deux mots. Et s'il apprend aujourd'hui où est sa sœur, il lui demandera de lui porter un message de sa part. Ainsi, il saura si Mouhamed est vraiment son ami.

Le maître et les siens sont réunis devant la tente. Avec l'aide de son fils, Takané place des coussins derrière chaque membre de la famille. Les deux filles ont revêtu leur plus joli voile ; Samia l'orange et Mariama le rouge, qui va si bien avec les bracelets brillants que son père lui a rapportés de la ville. Ce sont des bracelets en plastique, mais ils sont aussi brillants que l'or. À treize ans, Mariama est vraiment jolie et toujours très coquette. Elle raconte qu'elle doit épouser un cousin qu'elle n'a vu qu'une fois et qui possède quarante chameaux. Malgré son âge, le même qu'Assibit, elle se comporte comme si

31

Tu es libre !

elle était la maîtresse. Amsy la trouve plus capricieuse qu'avant !

Seydi, lui, se tient à l'écart des autres. Il a déjà avalé son thé du matin et englouti ses galettes avec du miel. Assis par terre, il s'occupe en dessinant des ronds dans le sable avec son pied, l'air maussade.

— Je t'attends, lance-t-il à Amsy, sans se soucier qu'il ait ou non terminé son travail. Dépêche-toi.

— J'ai pas fini, lui répond Amsy.

— Alors dépêche ! insiste son ami avec impatience.

Seydi a beau considérer Amsy comme son frère, il lui parle fréquemment d'une voix autoritaire, comme un Touareg s'adresse à son esclave. Amsy sait qu'il s'agit d'une habitude apprise auprès des maîtres, et non d'un signe de mépris. Il ne le prend pas mal. D'ailleurs, comment en voudrait-il à celui qui partage toujours avec lui les bonnes choses qu'il reçoit : le lait de chamelle, les galettes ou les dattes ? Pour les Touaregs aussi, cette nourriture est précieuse. Les sœurs de Seydi, elles, n'ont jamais partagé avec Assibit.

Tu es libre!

Le dernier mariage, qui a eu lieu au campement, au printemps dernier, a célébré l'union d'une des filles de la tante Mama, la sœur du maître. La fête a duré trois jours, et l'on a fait griller plusieurs moutons au-dessus du feu. Une nuit, alors que les femmes chantaient et que les hommes battaient leurs tambours, Seydi a offert à Amsy un morceau de méchoui à l'odeur délicieuse ; pas la queue, toute sèche, traditionnellement réservée aux esclaves, mais un vrai morceau de viande, fondant et goûteux ! S'il s'était fait prendre, Seydi aurait probablement été battu. Aucun Touareg ne supporterait de voir gaspiller ainsi un beau morceau de mouton !

Amsy, qui a remarqué l'air maussade de son ami, s'empresse de terminer son travail et le rejoint, vaguement inquiet.

– Viens, lui dit Seydi en se levant. Allons plus loin.

Ce qu'il a à lui apprendre est-il si grave ? Lui apporte-t-il de mauvaises nouvelles d'Assibit ?

Tu es libre!

Les deux garçons marchent en silence en direction du puits. Quand ils ont dépassé la dernière tente du campement, Seydi s'assoit sur une grosse pierre plate. Amsy reste debout en face de lui.

— Assieds-toi, lui propose Seydi en lui faisant de la place.

Amsy ne bouge pas. Il demande :

— Qu'est-ce qu'il y a ?

Comme son ami reste coi, l'air gêné, il insiste :

— Tu as retrouvé ma sœur ?

— Non, Amsy. J'ai demandé à tout le monde. Personne n'a voulu me dire où elle est.

— Mais tu crois qu'ils savent ? Pourquoi te le cacher, à toi ?

— Je ne sais pas. Assieds-toi.

Amsy est anéanti. Tous ses espoirs se sont envolés d'un coup. Il ressent un grand vide à l'intérieur de lui. Il murmure :

— Je ne comprends pas... Je croyais que tes parents nous considéraient comme leur propre famille.

Tu es libre!

Pourquoi ont-ils vendu Assibit ? Pourquoi cachent-ils la vérité ?

Enfin, il s'installe sur la pierre à côté de Seydi.

Les deux garçons, le Touareg et l'esclave, restent ainsi pendant un long moment, chacun dans ses pensées, protégés seulement par le silence de l'immense désert.

3

Le lendemain matin, quand Amsy se lève, le campement baigne encore dans une pénombre épaisse. Sa mère, profondément endormie, ne tressaille même pas.

Le garçon bâille et s'étire. Pendant toute la nuit, il n'a cessé de penser à Mouhamed et à leur rendez-vous. Les pensées, les souvenirs, les images se sont mélangés dans son esprit.

« Mon ami », lui a dit l'inconnu.

« Je te fais confiance. »

Dix fois, Amsy a eu envie de réveiller sa mère pour lui raconter son étrange rencontre. Dix fois, il

Tu es libre!

s'est redressé sur sa couche et l'a observée, cette mère qu'il aime, fatiguée par de trop longues journées d'un travail pénible au service des maîtres.

A-t-elle déjà entendu ces mots-là dans la bouche d'un homme libre, Takané : «mon amie»?

Amsy n'a presque pas dormi, pourtant il se sent en pleine forme. Avant de partir, il se mouille le visage avec un peu d'eau restée au fond d'une bassine. Puis, le voilà qui court sur le sable en direction du puits. D'ailleurs, il ne court pas, il vole, tant et si bien qu'un instant plus tard il a atteint le lieu du rendez-vous.

Comme Mouhamed n'est pas encore arrivé, Amsy s'assoit en tailleur sur le sol encore frais et attend. Le soleil va bientôt apparaître à l'horizon. Au loin, parmi les tentes, les premières silhouettes commencent à s'activer ; les esclaves se mettent au travail.

Mouhamed apparaît sans prévenir, comme la veille. Cette fois, il semble pressé. Il salue Amsy et enchaîne sans attendre :

Tu es libre!

— Amsy, tu es *akli*[1], n'est-ce pas?

Amsy acquiesce de la tête.

— Ta famille aussi est *akli*...

Amsy acquiesce une nouvelle fois.

— Combien êtes-vous, dans ta famille?

— Mon père est parti avec les troupeaux, répond Amsy. Ma mère est ici, avec moi. Elle s'occupe de la maîtresse et de ses filles. J'ai une sœur aussi, mais on ne sait pas où elle est...

— Pourquoi est-elle partie? veut savoir Mouhamed.

— Le maître l'a emmenée. On ne l'a pas revue. Peut-être qu'elle est mariée à un cousin du maître ou qu'elle a été vendue dans un autre campement... Mon ami, Seydi, a demandé partout, mais on refuse de lui répondre.

— Je vois... murmure Mouhamed d'un air grave. Écoute-moi bien, mon ami. Depuis trois ans, une loi de ce pays dit qu'aucun homme n'a le droit de

---

1. Esclave, en arabe.

Tu es libre !

posséder un autre homme. Les maîtres touaregs préfèrent ne pas en parler, mais l'esclavage n'est plus permis. Celui qui exploite encore des esclaves peut aller en prison.

— En prison, les maîtres ? s'exclame Amsy, stupéfait.

Ses parents lui ont expliqué que leurs ancêtres ont été mis en esclavage par ceux des maîtres, il y a très longtemps, et que chacun se trouve à sa place, pour l'éternité.

— Mais c'est écrit dans le Coran, qu'on est esclave, fait-il remarquer.

— C'est faux ! Le Coran et la Bible parlent d'esclaves, mais nulle part il n'est écrit que toi, Amsy, tu en es un. Ce sont les maîtres qui veulent que tu le croies. L'esclavage est interdit, Amsy ! Interdit !

— Interdit ?!?

— Contre la loi !

— Contre quelle loi ?

Tu es libre!

— La loi de ce pays, le Niger !

Amsy a du mal à comprendre. Il ne connaît que la loi du maître, celle du monde des Touaregs. Il n'a jamais imaginé que le pays pouvait avoir une autre loi que celle des nomades.

Soudain, il se demande si Seydi a entendu parler de cette loi du Niger. Et son père, qui passe son temps à voyager avec les caravanes ? Si cette loi existe, il la connaît peut-être !

Mouhamed laisse le garçon réfléchir, avant de poursuivre :

— Écoute, petit, ta vie est devant toi. Rien, absolument rien ne t'oblige à travailler pour les autres. Ni toi, ni ta famille. Si ton père est chamelier, il doit être payé pour son travail...

— Comme le forgeron ? demande Amsy en pleine confusion.

— C'est ça, comme le forgeron ! Et ta mère n'est pas obligée de recevoir des coups.

Tu es libre !

— Et elle peut boire du thé toute la journée, comme la maîtresse ?

L'idée l'amuse. Elle lui paraît aussi irréelle que les contes des griots où des djinns se transforment en princesses pour se jouer des humains.

Mouhamed éclate de rire :

— Non, pas toute la journée ! Personne n'est censé ne rien faire de la journée !

Il reprend son sérieux et dévisage Amsy pendant un moment. Puis il se lance :

— Demain, tu pars avec moi. Je te montrerai la vraie vie, celle des hommes libres ! Demain, si tu le décides, je t'emmènerai, et tu iras à l'école. Je ne dis pas que ce sera facile, car tu devras tout apprendre, mais tu seras libre. Tu passeras quelques jours à la ville et, si ça ne te plaît pas, tu pourras revenir vivre ici.

Amsy sent l'émotion envahir sa poitrine, un mélange de peur et d'excitation. Il a une envie folle de rire et de pleurer à la fois. Sa gorge est si sèche

Tu es libre !

qu'en cet instant, il donnerait sa vie pour un peu d'eau. Tout se bouscule dans sa tête.

Libre ? Cela signifie quoi, au juste ?

Que demain, il aura le droit de jouer, comme Seydi ?

Qu'il boira du thé au petit déjeuner ? et du lait de chamelle ?

Qu'il ira à l'école, comme les garçons touaregs ?

Une idée folle lui traverse l'esprit : peut-être deviendra-t-il clair de peau comme son ami !

Mais alors, qui ira chercher le bois pour le feu ?

— Et ma mère ? demande-t-il. Elle sera libre, elle aussi ?

— Tu dois lui parler, lui expliquer. Si elle le veut, elle partira avec nous.

— Mais, le maître ? S'il nous attrape, il nous tuera ! s'écrie Amsy. Un jour, j'ai vu un Touareg battre un esclave qui avait tenté de fuir.

Amsy n'est pas près d'oublier cette scène. L'homme avait été frappé jusqu'au sang, devant

43

Tu es libre !

tout le campement. Après, on l'avait forcé à se remettre au travail, malgré ses blessures. La nuit suivante, tous l'avaient entendu gémir sous sa tente. Son châtiment avait servi d'exemple à ceux qui auraient été tentés de l'imiter.

Mouhamed le rassure :

— Quand il se rendra compte de votre disparition, on sera loin.

Amsy aurait besoin d'un peu de temps pour réfléchir. Il préférerait attendre le retour de son père pour avoir son avis. Seulement, Mouhamed le prévient qu'il doit poursuivre son chemin ; lui, il ne peut pas attendre : il doit encore visiter des villages et des campements du Niger afin de libérer d'autres esclaves.

L'enfant réalise, soudain, qu'il n'est pas le seul. Cette idée le réconforte un peu.

— Et si ma mère refuse ? s'inquiète-t-il.

— C'est à toi de la convaincre. Je suis certain que tu y arriveras. Je te fais confiance, mon ami.

Tu es libre !

À ces mots magiques, Amsy ne peut retenir un sourire. Mouhamed lui passe la main sur la tête et lance d'une voix enjouée :

– Demain, à la même heure, je vous attendrai.

– Je serai là, répond Amsy gravement.

Pour la première fois de sa vie, il a une décision à prendre. Et quelle décision ! Il se sent plus angoissé que s'il avait égaré un troupeau de chèvres ou renversé une pleine jarre de lait de brebis.

4

De retour au campement, Amsy a juste le temps
d'avaler une galette de mil avec un peu d'eau,
avant de repartir s'occuper des chèvres. Seydi
l'accompagne. C'est les vacances, l'école est finie ;
il préfère de beaucoup la compagnie de son ami à
celle de ses sœurs.

Pour les habitants du désert, nomades ou esclaves,
les bêtes sont sacrées. Le maître possède près de
cent chèvres. Amsy y est attaché. Il prétend les
reconnaître toutes. Parfois, il s'amuse à impressionner son ami :

Tu es libre !

— Elle, c'est Fifi la toupie. Elle accourt dès que je la siffle, fanfaronne-t-il en désignant une biquette noire avec une tache sur le flanc.

— Vas-y, siffle ! le provoque Seydi.

— C'est impossible ! Ça ne marche que la nuit. Tu verrais ça, elle démarre en trombe !

Seydi n'est pas dupe, mais les deux amis adorent se lancer des petits défis ou se raconter des histoires incroyables. C'est leur jeu favori.

Mais, aujourd'hui, Amsy est trop préoccupé pour avoir envie de s'amuser. Alors qu'il surveille les bêtes, Seydi tripote le grigri qui pend à son cou. C'est un objet fétiche que lui a offert son père, qui l'a reçu de son propre père. En apparence, il ne s'agit que d'un simple étui de cuir tanné, retenu par un lacet, et qui s'ouvre comme une enveloppe. Or, pour Seydi, comme pour tous les Touaregs, il possède des vertus magiques. Il aime raconter à Amsy l'histoire du grand chef nomade dont le grigri

Tu es libre !

se serait transformé en deux fauves féroces, un lion et un tigre, pour le défendre contre quarante guerriers.

Une fois, Seydi a attaché son fétiche autour du cou d'Amsy, en signe de leur amitié éternelle. Et d'un ton solennel, il lui a dit :

– Il te connaît, maintenant. Si, un jour, quelqu'un te veut du mal, il te protégera.

Amsy s'était senti reconnaissant. C'est une chance pour lui d'avoir un ami comme Seydi !

À présent, le jeune Touareg est assis près d'un bosquet. L'air boudeur, il gratte un morceau de bois avec son couteau à manche d'os.

Amsy l'observe, songeur. D'habitude, sa présence le rend heureux. Mais pas aujourd'hui ! Un drôle de mur le sépare de Seydi. L'envie de se confier à son ami le taraude, mais il a promis à Mouhamed de ne parler à quiconque de leur rencontre. Et qui sait comment Seydi réagirait si Amsy lui annonçait que

Tu es libre!

la loi l'autorise à être libre ? Le jeune Touareg, s'il est un véritable ami, n'en est pas moins touareg.

Pour une fois, Amsy aurait préféré être seul avec le troupeau. Il aurait pu, au moins, essayer de remettre de l'ordre dans ses idées.

Quand le soleil est au zénith, les deux garçons rejoignent le campement en silence.

La mère de Seydi reçoit ses amies ; celle d'Amsy a travaillé toute la matinée pour préparer des boulettes de mil et de sorgho, qu'elle a roulées patiemment entre ses doigts. Sous la grande tente des maîtres, le repas est presque prêt. Seydi a promis à sa mère d'être là pour le repas ; Amsy, lui, doit aider la sienne à servir. C'est ainsi : quand les Touaregs font la fête, les esclaves ont d'autant plus de travail.

Les femmes nomades, qui sont les reines de leur foyer, n'ont pas leur langue dans la poche. Le campement résonne déjà de leurs éclats de voix et de leurs rires.

50

Tu es libre!

Les tantes du maître, ses sœurs et son épouse sont présentes, ainsi que les voisines. Amsy en remarque deux nouvelles, qu'il n'a jamais vues. Elles sont grandes et vêtues de voiles aux couleurs chaudes ; leur teint est cuivré et leur peau paraît douce. Elles sont venues jusqu'ici pour tuer l'ennui en palabrant et en s'adonnant au passe-temps favori des femmes touaregs : l'application du henné sur les mains et les pieds. Ce soir, elles seront couvertes d'arabesques brunes aux motifs de plantes, de fleurs.

Tout au long de l'après-midi, Takané ne cesse de courir pour satisfaire chacune des invitées.

D'abord, le thé : il faut remplir trois fois chaque verre, en tenant très haut la théière, et sans renverser la moindre goutte !

Ensuite, le henné, qu'il faut préparer soigneusement en mélangeant bien la poudre foncée et l'eau, et qui doit être prêt au bon moment, juste quand les dames le désirent.

51

Tu es libre!

Puis, c'est une nouvelle tournée de thé, accompagnée cette fois de petits gâteaux au miel, de fruits et de dattes sucrées à souhait.

Enfin, alors que la fête bat son plein, Takané doit préparer le repas du soir : les galettes, la semoule et la viande, avec l'espoir qu'il en restera un peu pour elle et son fils. Les esclaves ont rarement droit à de vrais repas. La plupart du temps, ils se contentent des restes, s'il y en a...

Takané se faufile parmi les convives, telle une ombre. Personne ne s'adresse à elle ou ne lui accorde la moindre attention. Elle y est tellement habituée qu'elle ne s'en offusque pas. Ce qui serait dérangeant, c'est qu'on s'intéresse à elle, cela signifierait qu'elle a manqué de discrétion.

Un jour, un étranger est venu prendre des photos du campement et on l'a invité à prendre le thé sous la tente. C'était un jeune Français aux yeux clairs et aux cheveux jaunes. Les filles du maître, qui le

Tu es libre !

trouvaient très beau, se cachaient derrière les tentures en gloussant.

Quand Takané, en silence, a rempli le verre du photographe, celui-ci l'a remerciée en la regardant dans les yeux. La conversation s'est arrêtée brusquement et un silence pesant s'est installé sous la tente.

Takané était si gênée qu'elle aurait souhaité disparaître ! Depuis son enfance, on la considère, au pire comme un meuble, au mieux comme un animal. Elle a si bien appris à demeurer invisible que le regard furieux de la maîtresse n'a eu aucun effet sur elle : celui du touriste l'avait déjà terrorisée.

Des mois plus tard, le maître a reçu un magazine avec les images du campement. Sa femme a aussitôt invité ses amies à boire le thé, et toutes se sont esclaffées en découvrant la photo où figurait Takané.

– Takané, tu es une star ! s'est écriée la maîtresse en montrant la photo à son esclave.

Tu es libre !

On y voyait, au fond de la tente, derrière les dames touaregs qui souriaient à l'objectif, une vieille femme noire, éreintée, au regard triste et vide. C'était elle, mais Takané a eu du mal à le croire. Pourtant, elle se savait usée, mais c'était la première fois qu'on la photographiait, et cette image, qui était la sienne, lui a fait peur.

— Ces Français ont de drôles de façons de se comporter avec les domestiques ! a commenté la maîtresse en retirant le magazine de sous ses yeux.

Ses amies sont parties d'un grand éclat de rire.

— Merci, Takané ! a crié joyeusement l'une d'elles en imitant le beau photographe.

La pauvre Takané a laissé échapper un pauvre sourire, comme pour s'excuser qu'on ait pu la remarquer.

Durant tout l'après-midi, Amsy aide sa mère en silence. Lorsqu'elle n'a pas besoin de lui, il se place dans un coin de la tente et attend qu'elle lui indique,

Tu es libre!

d'un geste, ce qu'elle attend de lui. Il la regarde s'activer et, pour la première fois de sa vie, il ressent de la pitié. De la pitié pour elle, et pour tous les esclaves qu'on oblige à travailler pendant que les maîtres s'amusent.

Il éprouve de la colère, aussi. Soudain, il voudrait la secouer, cette mère qui se glisse entre les invitées, les yeux baissés, devançant leur moindre désir ; la secouer, la réveiller, lui crier de réagir, de... de quoi, au juste ? de s'enfuir ?

Les mots de Mouhamed résonnent dans sa tête : « Demain, je vous emmène. »

S'enfuir, bien sûr ! Se libérer du joug des maîtres et de leurs lois ! Suivre cet étranger à la voix douce, au regard bon, cet homme venu de nulle part qui lui a parlé comme on parle à un homme libre !

« Mon ami »...

5

Il fait déjà noir sous la tente quand les invitées se décident à partir. Son labeur achevé, Takané peut enfin aller s'étendre sur sa natte pour dormir. Elle n'a pas ouvert la bouche de la journée ; sa gorge doit être aussi sèche que le désert. Elle est tellement fourbue qu'elle ne remarque même pas son fils s'approcher, qui s'agenouille à côté d'elle. Et c'est dans un demi-sommeil brumeux qu'elle l'entend lui raconter, à toute vitesse, l'histoire d'un mystérieux visiteur noir avec de beaux habits, d'une loi sur la liberté des esclaves, du mensonge des maîtres, du

Tu es libre!

Coran et de l'école, d'un départ prochain pour la ville...

— Il faut se décider cette nuit, maman ! insiste Amsy en secouant l'épaule de sa mère.

Takané se redresse lentement et se frotte les yeux. Au bout d'un moment, elle dit :

— Pourquoi cette nuit ?

— On doit partir demain ! Après, ce sera trop tard. Mouhamed doit aller libérer d'autres esclaves. Demain, avant l'aube !

Un long silence s'abat sous la tente. Un silence chaud, épais et moite à la fois. La mère recouvre peu à peu ses esprits. Elle a du mal à trouver ses mots.

— Je suis fatiguée, articule-t-elle d'une voix lasse. Tu me parleras demain, Amsy. Demain, ce sera mieux...

Amsy ne dit rien. Il fixe sa mère dans la pénombre. Finalement, elle soupire et s'agenouille sur sa couche, face à son fils. Elle réfléchit un instant avant de lui déclarer :

58

Tu es libre!

– Chacun est à sa place, Amsy. Il en a toujours été ainsi et ce sera comme ça pour l'éternité. C'est Dieu qui l'a voulu. C'est écrit.

Ces phrases apprises par cœur, Amsy les a trop entendues.

– Comment le sais-tu, puisque tu ne sais pas lire ? lui fait-il remarquer.

La mère réfléchit de nouveau, puis l'interroge d'un ton énervé :

– Qui va nous faire travailler, quand nous serons libres ? Qui va nous offrir le toit, la casserole, le verre, l'assiette, le mil et l'eau fraîche ? Il te l'a dit, ton grand ami ?

Amsy est désemparé. Effectivement, Mouhamed ne lui a pas expliqué comment ils vivraient, une fois libres. Lui-même ne s'est pas posé la question. Pourtant, il répond :

– Mouhamed est un homme bon, je sais sentir cela. Ce n'est pas un piège, Takané. Nous devons avoir confiance en lui.

Tu es libre!

La mère lui adresse un drôle de sourire. C'est la première fois qu'elle entend son fils l'appeler par son prénom. Elle se souvient que son mari, quand le maître les a mariés, l'appelait, lui aussi, par son nom et qu'elle appréciait. Cela lui donnait l'impression de compter vraiment pour quelqu'un, d'être une personne à part entière. Hélas ! c'était il y a longtemps, dans une autre vie où elle était plus jeune, moins fatiguée. Elle ne se souvient plus si, à cette époque-là, elle faisait encore des rêves.

« Je ne suis plus toute neuve, songe-t-elle. Maintenant, je suis une vieille casserole toute cabossée, une de celles que la maîtresse utilise de moins en moins et qui, un jour, sera jetée. »

Takané demeure silencieuse, les yeux perdus au loin, comme si elle voyait le désert et la nuit noire, un village ou une ville et, dans ce lieu imaginaire, un jeune garçon, le sien.

Là, au beau milieu de la nuit, elle lui caresse les cheveux et s'entend lui dire :

Tu es libre!

« Je connais cette loi, Amsy. J'ai entendu parler de ces hommes qui parcourent le pays pour aider les esclaves à se libérer. Mais je sais aussi que la vie des libérés est encore plus dure que la nôtre.

« Tu connais Mama, la sœur de la maîtresse ? Un jour, cette femme a offert leur liberté à deux de ses esclaves. Elle leur a donné un sac de mil et quelques vieux ustensiles de cuisine, un morceau de toile et quatre piquets pour se faire une tente. Elle voulait surtout se débarrasser d'eux, parce qu'ils étaient devenus trop vieux pour travailler.

« Pendant des années "les vieux", comme on les appelait, ont vécu de la charité des uns et des autres, suppliant pour un peu de travail et de nourriture. Crois-tu que c'est cela, Amsy, la liberté ? Mourir comme un chien, seul, oublié de tous et encore plus pauvre qu'avant ? »

Takané s'entend lui livrer toutes ces pensées ; en réalité, aucun mot n'est sorti de sa bouche. Elle dévisage son fils, si jeune et si robuste. Elle le

61

Tu es libre!

trouve beau, avec ses yeux en amande, son nez court et droit, ses dents blanches, sa bouche d'enfant. Elle a l'impression de le voir pour la première fois et songe que si un seul esclave doit devenir libre, c'est lui. Sinon, que signifierait cette apparition au milieu du désert, à plusieurs kilomètres du puits? Et cette lueur au fond de ses yeux, qu'elle parvient à saisir malgré l'obscurité?

Elle pense à Assibit, et son cœur se serre. Comment les maîtres ont-ils pu faire une chose pareille? Vendre sa fille, ou la donner... Elle a été bête comme une chèvre de croire que ces gens ont voulu agir dans l'intérêt d'Assibit!

Elle pense à son mari, aussi. Que dira-t-il quand, à son retour, il apprendra qu'on lui a enlevé sa fille? Saura-t-il contenir sa colère? Trouvera-t-il, comme d'habitude, une bonne excuse aux maîtres, qu'il respecte tant? La tradition? La nécessité?

Tu es libre!

Takané a pris sa décision. Elle prend le visage de son fils entre ses mains et déclare d'un ton ferme qu'Amsy ne lui connaît pas :

— Toi, tu pars ! Moi, je dois attendre ton père !

Amsy se sent gagné par la panique.

— Je ne peux pas partir ! s'écrie-t-il. Je serai tout seul !

Il a failli ajouter : « tout seul au monde ».

— Parce que ton père va revenir, lui répond sa mère. Imagine qu'il ne trouve personne à son retour...

Amsy n'avait pas réalisé qu'il aimait tant sa mère. Il n'a plus envie de partir.

Une fois, son père s'est perdu dans le désert avec les chameaux. Après plusieurs jours d'errance, il a aperçu, au loin, une vaste étendue d'eau. Il s'en est approché, se croyant sauvé, mais c'était un mirage ! Ce qu'il avait cru être de l'eau n'était qu'une dune ! Une de plus ! Du sable ! Backa n'a dû sa survie qu'à d'autres nomades qui l'avaient trouvé par hasard, quasi mort de soif, et l'avaient recueilli.

Tu es libre!

Et si Mouhamed n'était qu'un mirage, lui aussi ?
Et si ses promesses n'étaient que mensonges ?

— Je peux attendre Backa avec toi, implore Amsy.
Si je m'en vais, le maître te battra !

Sa mère lui répond très lentement, en détachant
chaque mot, comme pour les graver dans sa tête :

— Mon dos ne sent plus rien depuis longtemps,
le maître peut bien me battre. Toi, tu dois tenter ta
chance, Amsy, parce que la chance est venue à toi,
et elle ne reviendra peut-être pas. Si tout est bon
pour toi, là-bas, tu viendras nous chercher.

Elle regarde son fils droit dans les yeux :

— Je te connais, Amsy, je sais que tu ne nous
oublieras pas. Et puis, si tu es libre, un jour, tu
pourras peut-être retrouver ta sœur !

Amsy se souvient de la colère qu'il a ressentie
lorsqu'on a emmené Assibit. Il observe le corps de
sa mère, ce corps vieilli trop vite, desséché par le
travail et la faim. En voyant le bracelet qu'elle porte
à la cheville, il a un léger sursaut. Il relève la tête et
sa mère lui sourit, comme pour s'excuser.

Tu es libre!

Ce bracelet, Amsy ne le connaît que trop. On l'attache au pied des femmes dès l'âge de quinze ans, lors d'une cérémonie rituelle, pour les empêcher de courir. Il pèse trois kilos. Là où il enserre la cheville, la peau est blanchie, râpée, meurtrie.

Quand Takané lui ouvre les bras, ce qui n'est pas arrivé depuis des années, Amsy réalise qu'il a les yeux remplis de larmes.

6

Quand Amsy arrive sur le lieu du rendez-vous, Mouhamed l'attend, appuyé contre une voiture.

– Alors, tu es venu, mon ami ! lance-t-il d'une voix joyeuse. Je suis heureux.

L'auto est une Toyota, plus grande que celle qui conduit les enfants touaregs à l'école du village. Elle ressemble à celles aux grosses roues qu'on voit passer à toute allure, quelquefois, au large du campement.

Mouhamed ne paraît pas s'étonner de l'absence de Takané. Il n'a pas non plus l'air inquiet :

Tu es libre!

— Ta mère a préféré attendre ton père, c'est ça ? Ce n'est pas grave, nous reviendrons les chercher plus tard.

Il ouvre la portière droite et invite son jeune protégé à monter devant, mais Amsy ne réagit pas. Alors, il le prend par le bras et l'aide à s'installer.

Le garçon s'est laissé faire comme un petit enfant. C'est la première fois qu'il grimpe dans une voiture !

La Toyota file dans la nuit. Amsy est impressionné. Il se laisse bercer par les soubresauts du véhicule sur la piste, par les images floues qui défilent dans la lueur des phares. De temps à autre, il tourne légèrement la tête pour entrevoir le profil impassible de Mouhamed qui est accaparé par sa conduite.

Le campement est déjà loin. Amsy pense à sa mère, demeurée seule face aux maîtres. Ce matin, c'est elle qui l'a réveillé :

Tu es libre!

– Il est temps, Amsy, tu dois te lever pour partir.

Elle a encouragé son fils d'un simple mouvement de la tête, sans un mot, mais Amsy a compris qu'il ne servait à rien d'en faire plus. Il lui a répondu par un mouvement identique, puis il s'est éloigné sans se retourner. Dès qu'il le pourra, c'est sûr, il reviendra chercher ses parents.

Le soleil apparaît au-dessus de l'horizon. C'est un nouveau jour qui commence et, pour Amsy, une nouvelle vie.

Le paysage a changé. C'est toujours le désert, mais ici tout est plat, sans dune, et le sable est plus sombre. Amsy découvre le spectacle coloré des villages, où de petites maisons en terre sèche se serrent les unes contre les autres. Derrière des murets en pierres, il y a des jardins potagers où poussent des salades, des tomates, des carottes...

Dans les rues, sur les bords de la route, des enfants s'arrêtent de jouer au ballon pour saluer

Tu es libre !

les voyageurs. Des femmes, portant des robes propres et des foulards de couleur, tendent leurs paniers pleins de fruits au passage de la voiture. Beaucoup ont la peau claire, mais la plupart ont la peau noire, et – incroyable ! – ces femmes noires-là paraissent heureuses.

Après plusieurs heures de route, Mouhamed s'arrête enfin dans un village, près d'une maisonnette devant laquelle sont installées des tables et des chaises. Il y a même un immense parasol rouge et blanc, un peu déchiré, avec une inscription dessus.

– Je parie que tu as soif ! lance Mouhamed en coupant le moteur.

Sans attendre la réponse, il saute de la voiture et invite Amsy à venir s'asseoir à l'ombre du parasol.

Le garçon n'en revient pas : le serveur, apparu aussitôt, le salue comme s'il le connaissait ! Il l'appelle « mon ami », lui aussi !

Serait-ce que tous les hommes libres sont amis ?

Tu es libre !

L'homme réapparaît bientôt avec deux bouteilles, pleines d'un liquide jaune clair. Amsy n'a jamais bu autre chose que de l'eau ou, plus rarement, du lait de chamelle ; il se demande ce que c'est. Imitant son guide, il porte la bouteille à sa bouche et ne peut retenir une grimace de surprise. Quel drôle de goût ! On dirait que la boisson est avariée.

– C'est du Fanta, lui explique Mouhamed en riant, un jus d'orange qui pique. Si tu préfères, je peux demander de l'eau...

Amsy feint de n'avoir pas entendu et continue à boire. S'il s'agit de la boisson des gens libres, mieux vaut qu'il s'y habitue ! Et puis, ce n'est pas si mauvais, tout compte fait...

Voilà un homme qui s'approche de Mouhamed. Il a la peau foncée, mais il est bien habillé et porte des sandales en cuir. Selon l'usage, les deux hommes se lancent dans d'interminables salutations : « Et comment tu vas ? Et la santé ? Et la famille ? Et les

Tu es libre!

vieux ? Les enfants ? », tout cela débité en quelques secondes.

Mouhamed tape l'homme à l'épaule en signe de bienvenue, puis il se tourne vers Amsy :

— Amsy, je te présente Karim. C'est mon ami. Il va voyager avec nous jusqu'à la ville.

Encouragé par le sourire sympathique de Karim, Amsy lui demande :

— Est-ce que vous êtes forgeron ?

Karim s'esclaffe, dévoilant une belle rangée de dents blanches :

— Pourquoi ? J'ai l'air d'un forgeron ?

Troublé par son rire, Amsy baisse la tête et remarque ses pieds nus à côté des sandales des deux hommes. Se moque-t-on de lui ? Le garçon ne sait comment réagir, il se sent perdu et il a peur. Pas de se faire battre, c'est une sensation plus diffuse, plus angoissante aussi, car Amsy entre tout juste dans un monde dont il ne connaît pas les règles. « Dans mon autre vie, songe-t-il, personne ne me prenait pour un idiot. Même pas le maître ! »

Tu es libre!

Heureusement, Mouhamed vient à sa rescousse :

— Les seuls hommes libres qu'Amsy connaît sont soit touaregs, soit forgerons.

— Je comprends, reprend Karim en hochant la tête. Eh bien non, je ne suis pas forgeron. Comme Mouhamed, je participe à la libération des esclaves de ce pays.

Au début de l'après-midi, Mouhamed décide d'un nouvel arrêt, cette fois-ci au bord de la piste, pour manger des galettes et du fromage de brebis.

Amsy se régale en silence. En écoutant ses compagnons de route discuter, il comprend qu'il ne reverra peut-être jamais Seydi. Avec un pincement au cœur, il se souvient : quand ils étaient petits, ils avaient l'habitude de se retrouver tous les deux à l'écart du campement, sous un arbuste d'acacias, ou derrière une dune de sable. Là, ils s'amusaient avec des jouets de leur fabrication ou traquaient les insectes qui grouillaient sous le sable. Ils avaient toujours mille choses à se raconter. Ensemble, ils

Tu es libre !

oubliaient le temps et, souvent, ils se sont fait houspiller parce qu'ils rentraient trop tard.

À présent, tout le campement doit être au courant de sa disparition...

Amsy tente d'imaginer les réactions. Colère pour le maître ? Fureur pour sa femme ? Indifférence de leurs filles, Mariama et Samia ?

Et comment Takané vit-elle le départ de son fils ? « Pourvu que les maîtres aient pitié d'elle ! », s'inquiète Amsy. En cet instant, il prend la pleine mesure du sacrifice qu'elle a dû faire en le laissant partir.

Et Seydi, que pense-t-il de sa fuite ? Comme il aurait aimé lui en parler, lui expliquer !

— Je ne pouvais pas agir autrement, dit tout bas Amsy pour s'excuser, comme si son frère de lait se tenait près de lui.

Une histoire que son père lui a racontée lui revient en mémoire ; une de ces belles histoires dont

Tu es libre!

personne ne sait si elles sont vraies ou fausses, car les esclaves ont ceci en commun avec leurs maîtres touaregs : ils adorent inventer des histoires. Celle-ci est celle d'un esclave nommé Baboula...

« En ce temps-là, commençait Backa, les maîtres ne comprenaient pas l'utilité de mettre leurs fils à l'école et ils préféraient y envoyer de petits esclaves. Baboula alla donc à l'école et il étudia si sérieusement que ses maîtres, qui n'avaient plus besoin de ses services, lui rendirent sa liberté. Cela arrive parfois, sans qu'on sache bien pourquoi.

« Devenu adulte, Baboula trouva un travail dans l'administration d'une petite ville. Hélas ! à cause d'une sécheresse qui épuisa les puits et décima les troupeaux, ses anciens maîtres devinrent très pauvres. Comme ils n'avaient jamais travaillé, ils lui demandèrent son aide.

« Baboula accepta et nourrit donc la famille touareg en plus de la sienne. Il était plutôt fier d'aider ses anciens maîtres. Il racontait partout : "Je suis devenu

Tu es libre !

un vrai membre de la famille de mon ancien maître !
Ils ont même oublié que j'ai été leur esclave !' "

« Puis, un jour, la mère de Baboula mourut.
Libérée peu après son fils, elle ne possédait qu'une
cabane et quelques chèvres. Le bon Baboula était
en train de pleurer la défunte, quand ses anciens
maîtres lui réclamèrent la cabane et les chèvres de
la vieille femme !

« – Ta mère a été à notre service pendant des
années, lui dirent-ils. Ce qui lui appartenait nous
revient de droit !

« C'est ainsi, conclut le père d'Amsy, que le
beau rêve de Baboula s'écroula ! Quand on est un
esclave, c'est pour la vie. La liberté n'est jamais
donnée, elle est seulement prêtée. »

Plus tard, le père Backa avait expliqué à son fils :

– Les esclaves ne possèdent rien. Absolument
rien. Ni leurs enfants, ni leur propre personne. Un
désert sépare à jamais l'esclave de son maître.

Amsy a terminé son repas. Il semble observer
un groupe d'enfants qui jouent au football avec une

Tu es libre!

vieille boîte de conserve. En réalité, il est ailleurs, trop loin dans ses pensées pour s'intéresser à leurs jeux. « Un désert me séparera toujours de Seydi », se dit-il. Et cette idée le rend triste.

Soudain, il sursaute. Mouhamed vient de lui prendre la main. Il ne prononce pas un mot et demeure ainsi un long moment, la main du garçon au creux de la sienne, comme s'il avait lu dans les pensées d'Amsy et espérait le soulager en partageant un peu sa peine.

7

Après un trajet de plus de douze heures, ils arrivent enfin à destination. Les voici à Niamey, la capitale du Niger !

La voiture longe des avenues bordées de grandes et belles propriétés, entourées d'une végétation luxuriante.

— Ce sont des ambassades ou des maisons de riches étrangers, explique Mouhamed.

Ils se dirigent ensuite vers les quartiers plus populaires. Bientôt, le goudron de la chaussée fait place à de la terre battue, les belles demeures à des

Tu es libre !

maisons plus modestes, sans jardin. Les rues se remplissent.

Que de monde ! Que de couleurs ! Que de bruit !

Niamey ressemble à un immense marché qu'on aurait déroulé sur le sol, comme un tapis multicolore. Ici, de la viande pend à des crochets ; là, des monceaux de fruits et de légumes débordent des paniers. Plus loin, à même le sol, sont disposés des pièces de tissu, des sacs, des chaussures, des vêtements, des bassines en plastique, des postes de radio, et toutes sortes de choses qu'Amsy n'a jamais vues !

Des hommes, des femmes, des enfants vont et viennent, se bousculent, s'interpellent. Que signifie une telle agitation ? On dirait une grande fête avec, partout, des chanteurs, des conteurs, des griots, des danseurs !

À un croisement, la voiture s'arrête à un feu rouge. Un policier avec un bâton surveille la cir-

Tu es libre!

culation. Tout à coup, un gamin surgit près de la
voiture et tend sa main par la vitre.

Amsy n'avait jamais vu de mendiant. Surpris, il
se tourne vers Mouhamed. Celui-ci donne une pièce
à l'enfant, qui disparaît sans un mot.

– C'est un esclave ? demande Amsy.

– Non, lui répond Mouhamed. C'est sûrement un
orphelin très pauvre. Ici, il n'y a pas d'esclave, mais
les gens sont souvent si démunis qu'ils sont obligés
de mendier pour pouvoir manger.

Un peu plus tard, la voiture se gare devant la
cour d'une maison blanche, où se dresse un petit
hangar. Sur le seuil de la porte d'entrée se tient une
jeune femme souriante, au ventre rebondi sous sa
robe à fleurs.

– Amsy, je te présente ma sœur, Hadiza, dit
Mouhamed.

Il effleure le ventre de la jeune femme et ajoute :

– Et son bébé.

Tu es libre !

Visiblement, Amsy est attendu. Il est intimidé et se cache derrière Mouhamed, qui ne peut s'empêcher de rire.

— Viens, je vais te faire visiter la maison, lui propose gentiment Hadiza.

Amsy n'ose pas bouger. La jeune femme lui prend la main et l'entraîne à l'intérieur :

— Tu vas partager la chambre de mon fils Abdou. Il n'a que quatre ans, mais il est impatient de te connaître.

Hadiza actionne l'interrupteur et la lumière s'allume. La chambre est simple, peinte en blanc, avec deux lits de camp et une vieille valise en métal posée sur le sol pour ranger les vêtements. Amsy est stupéfait ! C'est une vraie chambre, dans une maison, avec de la lumière électrique ! Lui qui n'a connu que la tente, qu'on partage avec toute la famille, les nattes crasseuses et quelques morceaux de tissu déchirés pour se couvrir la nuit !

Mouhamed lui demande :

— Alors, ça te plaît ?

Tu es libre!

Amsy lui sourit timidement et lève les yeux vers l'ampoule suspendue au plafond : on dirait une grosse étoile qui scintille dans le ciel.

— Viens, je vais te montrer quelque chose, l'invite Mouhamed.

Dans la pièce adjacente, il y a un lavabo et une douche. La douche ne fonctionne pas, mais quand Mouhamed actionne le robinet du lavabo, un filet d'eau coule aussitôt. Il y a même un morceau de savon pour se laver les mains.

— Je dois accompagner Karim dans une autre ville, lui annonce Mouhamed. Nous repartons dès ce soir. Mais je serai de retour dans trois jours. Toi, tu commences l'école demain. Hadiza s'est occupée de tout. Elle t'accompagnera et te présentera à ton professeur.

Il pose la main sur la tête d'Amsy et lui demande tout bas :

— Est-ce que ça va ? Tout te paraîtra étrange, au début. C'est normal. Tu t'y feras très vite, tu verras, mon ami.

Tu es libre!

Amsy se lave les mains doucement, longtemps, pour faire durer le plaisir. Puis, il sort dans la cour, où Hadiza a mis de l'eau à bouillir dans une grande marmite pour préparer le repas.

— Ce soir, on fête ton arrivée, lui lance la jeune femme. On mangera du riz avec du mouton.

De la viande ? Amsy n'en revient pas. Seuls ses maîtres y avaient droit ! Pour les esclaves, il en restait rarement...

Quelques voisins sont venus partager le repas. Un homme à la taille impressionnante, accompagné d'un petit garçon en culottes courtes, s'approche d'Amsy et lui serre la main.

— Sois le bienvenu. Je te présente Abdou, mon fils, et le fils d'Hadiza.

Le gamin dévisage Amsy avec curiosité, avant de lui demander :

— C'est toi, mon grand frère ?

Amsy ne sait que répondre ; il jette autour de lui des regards inquiets.

Tu es libre !

— Ton cousin, Abdou, rectifie Hadiza, pas ton frère !

Chacun salue le nouvel arrivant. On lui sourit, on le touche, on lui pose des questions. Amsy n'est pas habitué à ce qu'on s'intéresse à lui. Hier, encore, il était un esclave surveillant son troupeau au milieu du désert, et le voici héros de la fête. Ses muscles sont tendus, comme ceux d'un animal piégé qui cherche désespérément une issue. Il ne sait pas quoi dire. Il ne comprend pas ce qu'on attend de lui et aimerait disparaître.

Lorsque Hadiza constate que le feu manque de braises, Amsy profite de l'occasion ; il se précipite vers elle :

— Tu veux que j'aille chercher du bois ?

Elle a compris le malaise de l'enfant et l'encourage :

— Il paraît que tu es un champion du ramassage de brindilles ! Tu en trouveras plein derrière la maison.

Amsy est content, soulagé. Pour faire plaisir à Hadiza, il va lui rapporter les plus belles brindilles !

85

Tu es libre!

Lui qui a passé sa vie à servir les autres, pendant quelque temps, aura sans doute besoin de se sentir utile pour se sentir exister.

— Mouhamed est mon ami, lance-t-il d'une voix solennelle en s'éloignant.

Les invités hochent la tête, en souriant. Hadiza, elle, jette à l'enfant un regard empli de tendresse et de compassion.

8

Pour la première fois de sa vie, Amsy a passé la nuit dans un lit. Il a dormi comme une souche ! Lorsqu'il se réveille, le soleil est déjà haut dans le ciel et la rue résonne de mille bruits.

— Tiens, c'est pour toi, lui dit Hadiza en lui tendant un paquet.

Amsy défait l'emballage avec précaution... Il découvre, dans une boîte en carton, un short, une chemise beige et une trousse d'écolier en plastique rouge ; à l'intérieur, il trouve des crayons, une gomme, une règle et un petit carnet.

Tu es libre !

« Si Seydi voyait ça ! », songe-t-il, ébloui.

Il prend le crayon entre les doigts, tâchant de se souvenir comment son ami s'en servait, mais il n'y arrive pas. Il regrette de ne pas avoir insisté pour que son frère de lait lui apprenne à écrire au moins son nom. Mais comment pouvait-il savoir qu'un jour lui aussi irait à l'école ?

Avant de partir, Amsy ne peut s'empêcher de retourner devant la belle glace d'Hadiza. Rien à voir avec le morceau de miroir cassé de Takané ; celui-ci a la taille d'un petit homme ! Se regarder dedans est un spectacle surprenant pour lui. Il se trouve même plutôt joli, avec sa tenue d'écolier et ses cheveux propres !...

— Amsy ! l'appelle Hadiza, qui l'attend dehors avec Abdou. Dépêche-toi ! Sinon, on va être en retard !

L'école est à dix minutes de marche. Ce matin, Hadiza accompagne les garçons, mais dès demain

Tu es libre !

ils devront y aller seuls. Amsy, qui est le plus âgé des deux, sera responsable d'Abdou.

Pendant le trajet, elle lui explique :

– Dans l'école, il y a deux grandes classes : une pour les grands, l'autre pour les petits. Comme tu n'es jamais allé à l'école, tu iras d'abord avec les plus jeunes. Ensuite, dès que tu sauras lire et écrire, tu pourras changer.

L'école est une vaste bâtisse carrée, dont les murs sont peints en rouge. Derrière, dans une grande cour, des dizaines de garçons et de filles s'amusent en poussant des cris. Tous sont habillés de beige, comme Amsy ; shorts pour les garçons et jupes pour les filles.

Hadiza se dirige vers un petit homme trapu qui tient ses mains derrière son dos et bombe le torse.

– Voici monsieur le directeur, dit-elle à Amsy. Monsieur, je vous présente Amsy, le cousin dont je vous ai parlé.

Tu es libre !

Le directeur secoue la tête d'un air entendu, puis il souffle dans le sifflet qui pend à son cou. Aussitôt, les enfants cessent leurs jeux pour se mettre en rang. Deux groupes se forment : les petits d'un côté, les grands de l'autre.

— Ce garçon s'appelle Amsy, annonce le directeur d'une voix puissante. Il va commencer dans la petite classe.

« On dirait qu'il veut impressionner, pense Amsy. Le maître touareg, lui aussi, se donnait des grands airs et parlait fort. »

— Je vous demande de l'accueillir avec gentillesse. Amsy vient du désert, nous devons lui offrir toute notre hospitalité.

Voilà un mot qu'Amsy connaît : l'*hospitalité* des nomades est bien connue des voyageurs. Hélas ! elle ne s'applique pas aux esclaves...

— Allez, Abdou, dit le directeur, fais visiter la classe à ton cousin !

Abdou, ravi de cette responsabilité, prend la

Tu es libre !

main d'Amsy, et tous deux entrent ensemble dans la classe.

Durant les premiers jours, la vie d'Amsy, entre l'école et la maison d'Hadiza, se déroule sans accroc.

En classe, Amsy doit produire de gros efforts pour se concentrer. Toutes ces lettres qu'il faut mémoriser et apprendre à écrire ! Heureusement, les autres élèves sont gentils avec lui, et plutôt fiers d'avoir un grand parmi eux. Quant à sa maîtresse, elle se montre discrète et attentionnée. De temps en temps, elle se penche au-dessus de son épaule pour lui donner un conseil :

– Attention, Amsy, dans la langue tamachek, le touareg, c'est le signe pour le son « s » ! Tu l'as écrit correctement tout à l'heure dans le mot « soupe ».

Pendant les récréations, c'est plus difficile. S'il avait le choix, Amsy préférerait rester dans la classe. Les grands sont méfiants et lui adressent à peine la parole. Il a l'impression, parfois, qu'on chuchote

Tu es libre !

dans son dos. Deux garçons, en particulier, lui tournent autour avec des airs provocateurs et le raillent ouvertement.

Le troisième jour, la menace se précise. Amsy est assis à l'écart sur un banc au fond de la cour, lorsque les deux garçons se dirigent vers lui.

— Tu viens d'où ? lui demande le premier avec un sourire narquois. Du fond d'une poubelle ?

— D'Abalak, répond Amsy sans sourciller.

Les deux garçons pouffent de rire :

— Abalak ? Mais y a rien du tout, là-bas ! Que des animaux !

D'autres élèves se sont approchés pour écouter. Le second garçon enchaîne :

— Mais alors, si tu viens du désert, t'es un *akli* !

Amsy n'a pas peur d'eux. Cependant, il ne s'est pas préparé à cette question. Que répondre ? S'il ment, cela signifie qu'il a honte de sa vie passée et de la condition de sa famille ; s'il dit la vérité, c'est la porte ouverte aux brimades...

Tu es libre !

— On le voit bien que t'es *akli*, ricane le premier garçon. Tu ne sais même pas écrire !

— Les *akli*, ici, on les frappe avec un fouet.

— On leur fait manger du sable et puis...

Amsy sent ses muscles se tendre. Tout à coup, sans réfléchir, il se jette tête baissée sur les deux compères.

Amsy a toujours su se battre. Parfois, Seydi et lui se battaient contre d'autres enfants du campement. Son ami, plutôt bagarreur, était épaté par la rapidité et la précision de ses gestes. Amsy était capable de mettre deux ou trois gamins à terre en une poignée de secondes !

C'est précisément ce qui se produit dans la cour de l'école. Les deux garnements ont à peine le temps de réagir ; en trois coups de poings et deux croche-pieds, les voici au sol.

Le directeur, alerté par les cris des autres élèves accourus pour assister au combat, est en colère.

Tu es libre!

Il distribue des taloches aux vaincus, puis il entraîne Amsy en le tirant par le bras.

— Toi, tu viens avec moi ! aboie-t-il en marchant vivement vers son bureau.

9

Les volets sont clos, à cause de la chaleur. La pièce est sombre, et Amsy distingue tout juste la table en bois, couverte de papiers, devant laquelle le directeur lui ordonne de s'asseoir.

– Alors, comme ça, tu sèmes la discorde dans mon école ! crie l'homme en colère.

Il se plante devant Amsy, l'air menaçant :

– Quelle mouche t'a piqué ? Tu te crois encore dans le désert ?

Puis, il laisse ses bras retomber le long de son corps et prend place derrière son bureau. Il reprend d'une voix plus douce :

Tu es libre!

— Je vais être obligé de te punir. C'est dommage, car la maîtresse m'a confié qu'elle était contente de toi... Qu'as-tu à répondre pour ta défense ?

Amsy pourrait se justifier, mais cette idée ne l'effleure même pas. Il réagit comme lorsque son maître le punissait : il serre les dents, fixe ses pieds et se tait. Cette attitude horripilait tant le Touareg qu'il sortait immédiatement son fouet. Quand Seydi assistait à la scène, il parvenait parfois à amadouer son père ; seulement il n'était pas toujours présent.

Le directeur contourne son bureau en soupirant. Il soulève la tête d'Amsy pour le regarder dans les yeux.

— On t'a dit quelque chose ? On t'a offensé ? Tu peux me parler, tu sais...

Comme l'enfant reste muet, il fait les cent pas dans la pièce, les bras dans le dos :

— Je vais devoir avertir ta cousine. Je n'admets pas les bagarres dans mon établissement. Le Niger est un pays civilisé !

Tu es libre!

Le directeur est sorti. Amsy entend les rires venant de l'extérieur. Bientôt, la sonnerie annonce la fin de la récréation. Assis sur sa chaise, il fixe le mur devant lui. Petit à petit, sans s'en rendre compte, il desserre les dents, ses muscles se relâchent et ses yeux s'emplissent de larmes. Il pleure en silence les peurs, les angoisses accumulées depuis qu'il a quitté le camp.

Était-ce bien la peine de tout quitter? Que gagne-t-on à être libre?

Il demeure ainsi jusqu'à ce que le directeur réapparaisse. Ce dernier lui a rapporté sa trousse rouge et son cahier de devoirs; derrière son dos, Abdou lui sourit.

– Tu peux rentrer chez toi avec ton cousin, dit-il. Demain, tu resteras à la maison. Tu pourras revenir lundi, mais attention! La prochaine fois, c'est la porte! Si on t'embête ou si on se moque de toi, tu dois venir me voir. Je ne veux pas de bagarre dans mon école. Tu as compris?

Tu es libre !

Il confie à Abdou une feuille de papier pliée en quatre :

— Tu donneras ce mot à ta mère. Gare à toi si tu oublies !

Sur le chemin, les garçons ne prononcent pas une parole. De temps en temps, Abdou jette un œil discret et admiratif à son grand cousin : un sacré bagarreur !

Ce soir-là, Mouhamed est de retour : égal à lui-même, toujours souriant et aimable. Hadiza l'accueille avec sa bonne humeur habituelle :

— Tu arrives juste à temps pour le dîner, mon frère.

La jeune femme n'a pas semblé perturbée par le mot du directeur. En tout cas, elle n'a pas manifesté la moindre colère et elle a aidé Amsy à faire ses devoirs, comme chaque jour. Pendant le repas, elle ne cesse de parler. Elle interroge Mouhamed au sujet de son dernier voyage et lui raconte en détail les progrès de son protégé.

Tu es libre!

— Tu l'aurais vu traverser le quartier dans son costume d'écolier tout neuf! Il était beau comme un roi! Hein, Amsy? Il connaît presque entièrement son alphabet et sait déjà écrire son nom. Tu te rends compte? En quatre jours seulement!

À la fin du repas, Mouhamed aide sa sœur à nettoyer la vaisselle. Après quoi, il propose à Amsy une promenade dans la ville. Il est vingt heures, la nuit commence à tomber. Des marchands recouvrent leurs étals de bâches en plastique, d'autres allument de petites lampes à huile pour continuer à travailler. L'ambiance est plus paisible que le jour. Des petits groupes se forment aux pas des portes et sous les lampadaires; les gens sortent des chaises devant leurs maisons et discutent en prenant l'air.

Amsy est tendu. Il est certain que Mouhamed va le réprimander à cause de l'incident de l'école. Or il se trompe, car Mouhamed lui dit simplement:

Tu es libre!

— Je vais te raconter mon histoire, Amsy... Ma famille habitait la région d'Agadès, pas très loin de chez toi. Mes parents étaient esclaves chez des Peuls[1]. Je ne vais pas te décrire leur existence, tu la connais ! Par contre, je vais te raconter pourquoi ils sont partis.

« Une nuit, il y a eu une tempête terrible, comme souvent dans le désert. Les maîtres ont fait venir mes parents et leur ont demandé de tenir les poteaux de leur tente, afin qu'ils puissent dormir en paix. Toute la nuit, mes pauvres parents ont dû lutter contre le vent, contre le sable qui leur fouettait la peau et entrait dans leur bouche, leur nez, leurs oreilles ! Au matin, ma mère était si épuisée qu'elle s'est écroulée, évanouie. Mon père était brisé, lui aussi, mais il l'a prise dans ses bras pour la porter jusqu'à sa couche. Sais-tu ce qu'a ordonné alors la maîtresse ?

---

1. Peuple d'Afrique de l'Ouest.

Tu es libre !

De réveiller sa femme pour qu'elle lui prépare son thé. Ce matin-là, mes parents ont pris leur décision : ils s'enfuiraient, même s'ils devaient en périr.

« La nuit suivante, quand les feux se sont éteints, ils sont partis, droit devant eux. Ils ont marché pendant des heures, sans répit. Enfin, vers le milieu du lendemain, ils sont arrivés dans un village, où un homme leur a offert une gourde d'eau. Cet homme avait deviné qu'ils étaient des esclaves en fuite. C'était le père de Karim, que tu as rencontré. Il travaillait pour une association d'aide aux esclaves, qu'on appelle Timidria. »

— Et toi, qui t'a sauvé ?

— Moi, je suis né plus tard. Mes parents étaient déjà libres. Hélas, aujourd'hui encore, beaucoup de gens rejettent les descendants d'esclaves. Quand j'avais vingt ans, j'étais amoureux d'une belle jeune fille et nous avions décidé de nous marier. J'étais instruit et j'avais une bonne situation dans un ministère. Malgré tout, la famille de ma fiancée a enquêté

Tu es libre !

sur mes origines. C'est l'usage en ville, on fait une enquête...

Pour Mouhamed, ce souvenir demeure douloureux. Il a un léger sourire amer lorsqu'il conclut :

— Le mariage a été annulé !

— Annulé ! répète Amsy.

— Annulé, confirme Mouhamed en secouant la tête. C'est aussi simple que ça.

— Et ta fiancée ?

— On l'a mariée à un autre. Elle n'a pas eu son mot à dire. Je l'aperçois parfois, en ville, mais elle n'ose pas me parler. Mon histoire est banale, Amsy : si tu as été esclave ou si tu descends d'une famille d'esclave, on te le rappelle sans cesse. Certains postes te sont même interdits.

— Ici, en ville ?

— Surtout ici ! Pour de nombreux citadins, l'esclave est un moins que rien.

— Alors, à quoi bon se battre, si un esclave reste toute sa vie un esclave ? veut savoir Amsy, découragé.

Tu es libre !

Mouhamed lève les bras avec fatalisme :

— Le monde est loin d'être parfait ; la vie n'est pas un paradis. L'important, c'est d'avancer et de permettre à d'autres d'évoluer... Hadiza m'a dit que tu t'étais bagarré avec des enfants qui se moquaient de toi. Je comprends ta réaction. Je me suis battu souvent, moi aussi. Remarque, après la raclée que tu leur as flanquée, tu peux être sûr que ces garnements te ficheront la paix !

Mouhamed lâche un rire sonore avant de reprendre son sérieux.

— Quoi qu'il en soit, il faut apprendre à se retenir. C'est difficile à accepter, c'est pourtant le seul moyen pour que les choses changent. Toi, tu sais ce qui est juste : c'est ça, ta force.

Amsy est soulagé. Cette discussion lui prouve que Mouhamed est réellement son ami. Jusque-là, il s'est laissé mener, sans participer pleinement à ce qu'il vivait. À présent, il croit que sa vie peut lui appartenir. Pour cela, il lui suffit de le décider. Ce

Tu es libre!

sera difficile, ainsi que Mouhamed l'avait prévenu, mais pas impossible. Et qui sait, un jour, il aidera peut-être d'autres enfants esclaves à se libérer.

– Pourquoi ton association ne libère pas tous les esclaves ?

– Nous n'avons pas assez de moyens. Cela coûte cher de libérer un esclave. Les enfants ont besoin d'être logés, nourris, habillés ; aux adultes, il faut leur fournir de quoi démarrer dans leur nouvelle vie : un bout de terre, des ustensiles de cuisine, quelques chèvres... Nous ne pouvons pas libérer les gens pour ensuite les abandonner à leur triste sort.

– Alors pourquoi tu m'as choisi, moi ? demande encore Amsy.

– Bonne question ! C'est un peu le hasard. Je passais par là et je t'ai vu. Ton histoire, je l'ai devinée rien qu'en te regardant. Je ne pouvais pas m'en aller sans essayer de t'aider.

C'est bien la première fois qu'Amsy a de la chance !

Tu es libre!

— Maintenant, je dois aller libérer ma famille! lance-t-il à brûle-pourpoint.

Mouhamed s'arrête de marcher et fixe le garçon dans les yeux.

— Nous irons très bientôt! lui promet-il. Mais je te préviens, Amsy, ça ne sera pas facile... Il faudra y aller avec les gendarmes, et tes parents devront leur dire s'ils désirent vraiment quitter leur maître...

Après une courte réflexion, il continue:

— Il faut que tu saches que, parfois, les adultes refusent de partir. Ils ont peur. Ils sont tellement habitués à leur statut d'esclave que l'idée même d'être libres les terrorise.

Amsy est songeur. Les derniers mots de sa mère sont gravés dans sa mémoire: «Je suis sûre que tu viendras me chercher.» Il a confiance en elle et sait qu'elle espère le rejoindre. Mais son père? Comment va-t-il réagir en apprenant que son fils s'est enfui avec un étranger? Aura-t-il le courage de commencer une nouvelle vie? Backa passe la plupart de son

Tu es libre !

temps à sillonner le désert avec les caravanes ; c'est un « presque libre ». De plus, il a une grande considération pour la culture touareg, qui est quasiment la sienne. C'est un bon esclave, fidèle, le maître le ménage un peu. Acceptera-t-il d'échanger ses voyages et ses chameaux contre la ville et quelques chèvres maigrichonnes ? Amsy se rend compte avec anxiété que rien n'est moins sûr ! À moins que la disparition d'Assibit ne le bouleverse au point de tout remettre en question. Mais oui, Backa sera si furieux qu'il ne voudra plus rester !

— Il faut tout préparer, explique Mouhamed, ne rien laisser au hasard. Quand ton père sera-t-il de retour ?

— Il est parti pendant la saison sèche, répond Amsy sans hésiter. Il rentrera au début de la saison des pluies.

— Ça nous laisse un peu de temps ! Je vais prendre une photo de toi. Je la montrerai à tes parents, pour qu'ils sachent bien que c'est toi qui m'envoies.

Tu es libre!

Ensuite, je leur expliquerai ce qu'ils doivent faire pour partir. Et si le maître refuse que je les approche, j'irai porter plainte chez le juge.

Amsy ne connaît pas ce mot :

– C'est quoi un juge ?

– C'est comme un chef de clan, mais, lui, il représente la loi du pays. Le maître devra lui obéir.

– Et s'il décide que mes parents doivent rester leurs esclaves ?

– En principe, il n'en a pas le droit, car il défend la loi du Niger. Mais il est vrai qu'il existe de mauvais juges...

– De mauvais juges !? s'inquiète Amsy.

Mouhamed émet un petit rire sarcastique :

– Les mauvais ne veulent pas que les traditions changent ; surtout si eux-mêmes ou leurs familles en tirent profit. Mais, rassure-toi : à Abalak, il y a un jeune juge très bien. Avec un peu de chance, on tombera sur lui.

10

Une deuxième semaine s'est écoulée. À l'école, l'épisode de la bagarre semble oublié. Les deux garnements ont troqué leur arrogance contre une indifférence discrète. La maîtresse continue de louer les progrès de son nouvel élève. Des gamins qui se battent, elle en a vu d'autres...

À la maison, Hadiza et son mari savent qu'Amsy a besoin d'attention et de tendresse ; mais ils savent aussi qu'il ne faut pas le brusquer, et ils veillent à lui donner juste ce qu'il faut. Le petit Abdou, plus spontané, se comporte comme si son faux cousin était un vrai grand frère.

Tu es libre!

Pourquoi, alors, Amsy éprouve-t-il cette sensation d'étrangeté ? Cette impression désagréable de jouer un rôle dans un monde qui n'est pas le sien ?

Un jour, il entend Hadiza confier à son mari :

— Le petit m'inquiète. On dirait qu'il n'est pas vraiment là...

Amsy tend l'oreille. Parle-t-elle de lui ou d'Abdou ?

— Il va très bien ! la rassure son mari. Tu as oublié ce qu'a dit sa maîtresse ? Ses progrès sont rapides. Bientôt, il saura lire et écrire !

Hadiza insiste. Elle évoque la passivité d'Amsy, son manque d'engagement, son incapacité à prendre des initiatives. Le sens de ces mots — passivité, engagement, initiative — ne sont pas encore très clairs dans l'esprit du garçon. En revanche, il comprend qu'elle parle de lui comme une mère parle d'un enfant malheureux, d'un enfant en détresse, et ça le réconforte un peu.

Son travail scolaire achevé, Amsy peut rester indéfiniment accroupi dans la pénombre de sa

Tu es libre!

chambre, dos au mur, en attendant qu'on lui dise quoi faire. Il a conscience que le temps des ordres est achevé, qu'il doit se prendre en main, mais quelque chose l'en empêche. Il ne parvient pas à user de sa liberté. Dans ces moments-là, il se laisse submerger par la tristesse. Sa famille lui manque ; Seydi lui manque ; même ses maîtres lui manquent. Et les chèvres, et le désert infini sous le soleil de plomb... Les nuits froides et le sable qui fouette le visage... même la faim qui creuse le ventre... même le travail épuisant, toutes ces choses qu'il connaissait par cœur et qui étaient sa vie !

Lorsqu'il imagine sa sœur, mariée à quelque vieux nomade, cela l'afflige tant qu'il en vient à se sentir responsable de son malheur. À quoi bon savoir lire et écrire si Assibit doit continuer à souffrir, loin de ceux qu'elle aime ?

Amsy n'a aucune nouvelle de Mouhamed. Il se demande comment est la photo que son ami a prise de lui. Sa mère le reconnaîtra-t-elle, avec ses cheveux propres et sa belle chemise d'écolier ?

Tu es libre!

Si sa famille ne le rejoint pas, il ne pourra plus vivre ici. Il a trop besoin d'eux !

« Alors quoi ? », s'interroge Amsy.

Retourner chez le maître ?

C'est impossible, il est trop tard !

Il repense à ce mot : « initiative ». Hadiza le lui a dit et répété :

— Amsy, il ne faut pas rester sans rien faire. Tu n'es plus un esclave. Prends des initiatives !

La clé est peut-être là. S'il « prend des initiatives », il réussira peut-être à vaincre sa tristesse et à devenir libre, comme les autres enfants de l'école.

Amsy sait qu'il doit être fort comme Mouhamed. Le petit Abdou, du haut de ses quatre ans, est plus doué que lui. Mais c'est tellement difficile de vivre libre quand, au fond de son cœur, on est encore un esclave !

Quinze jours plus tard, alors qu'Hadiza prépare le repas et qu'Amsy révise sa leçon pour la énième

Tu es libre!

fois – il enrage, les mots semblent lui échapper sans cesse –, on frappe à la porte. Abdou se lève d'un bond et va ouvrir. Mouhamed se tient sur le seuil, dans la pénombre. Amsy se précipite vers lui :

– Alors ?

– Tu avais raison. Ton père vient de rentrer !

– Tu l'as vu ? Tu lui as montré ma photo ?

Mouhamed le rassure d'un geste.

– Laisse-moi le temps de me poser, Amsy. J'ai conduit toute la journée et j'ai la bouche trop sèche pour parler.

Il pénètre dans la maison et s'assoit à la table de la cuisine ; Hadiza lui sert un grand verre d'eau. Lorsqu'il est désaltéré, il raconte enfin :

– J'ai d'abord essayé de parler à ta mère, mais c'était impossible ! Elle ne quittait pas le périmètre du campement.

– Ce n'est pas elle qui va chercher le bois et l'eau à ma place ? s'étonne Amsy.

– Non, c'est une très vieille femme...

Tu es libre !

Amsy suppose qu'il s'agit de la vieille cousine qui, avant, servait chez la tante.

– ...mais je n'ai pas osé l'aborder, de peur qu'elle ne me dénonce. Je suis allé directement aux pâturages. C'était l'heure la plus chaude de la journée, aucun risque de tomber sur le maître ! Là, parmi les chameaux, il y avait un esclave.

– Mon... père ?

– Je lui ai montré ta photo en prétendant que je te cherchais. Il a été si ému que j'ai compris qu'il était Backa, ton père. Il avait les larmes aux yeux. Il a regardé la photo, longtemps, avant de me demander ce que tu étais devenu. Je lui ai donc parlé de ta nouvelle vie, de ton école, d'Abdou et Hadiza. Je lui ai dit que tu m'avais envoyé les chercher, lui et sa femme, et...

– Il a accepté ? l'interrompt Amsy.

– C'est un peu plus compliqué. Je t'avais prévenu que ce serait difficile ! Ton père refuse de s'en aller sans l'accord de son maître. Quant à ta mère,

114

Tu es libre!

elle ne partira jamais sans sa fille. Ils ignorent toujours où elle se trouve, mais ta mère est persuadée qu'elle va revenir et elle tient à être là pour l'accueillir.

– Est-ce qu'elle a été battue, après mon départ ?

– Je le crains, hélas, mais elle a l'air en bonne santé.

Amsy est pensif. Il a à peine remarqué l'assiette de soupe chaude qu'Hadiza a déposée devant lui.

– Que peut-on faire, à présent ? demande-t-il finalement.

– Le lendemain, poursuit Mouhamed, je me suis rendu chez le maître pour tenter de le convaincre. Ton père l'avait prévenu ; il attendait ma visite. Il ne m'a même pas fait asseoir. Il m'a traité de voyou et m'a accusé de lui voler ses biens.

– Il a parlé de moi ? veut savoir Amsy.

– Oui. Il était furieux. Il a dit : « Le chenapan, vous pouvez le garder ! Il m'a trahi ! Après tout ce que j'ai fait pour lui ! Moi qui le traitais comme mon propre fils ! »

Tu es libre !

— Comme son propre fils ! s'exclame Amsy, piqué au vif. Comment peut-il raconter une chose pareille ? Et Seydi ? Est-ce que tu l'as vu ?

— Seydi était assis au fond de la tente. Il n'a pas ouvert la bouche.

Amsy est déçu que son ami ne soit pas intervenu.

— Il n'a pas demandé de mes nouvelles ?

— Crois-tu que c'était le moment ?

Amsy doit admettre que, si son ami était intervenu, cela n'aurait fait qu'augmenter la colère de son père.

— Et maintenant ? murmure-t-il d'une voix à peine audible.

— Chaque chose en son temps, Amsy. Il faut être patient. Nous allons continuer à nous battre. Karim doit retourner bientôt dans la région. Il ira voir les gendarmes, il paiera l'essence pour leur voiture et les conduira au campement.

— Quand ?

— Dans une quinzaine de jours, sans doute... Si tout va bien.

Tu es libre!

Quinze jours ! c'est long, quinze jours.

Amsy baisse la tête sur son assiette. Ce soir, il n'a pas la force de manger.

11

Les jours suivants, Amsy s'efforce de ne pas se laisser abattre. Comme le lui a conseillé Hadiza, il tâche de prendre des initiatives, mais il manque d'énergie, car le sort des siens le préoccupe... Les images de son ancienne vie reviennent en permanence dans sa tête. Il se rappelle ses jeux avec Seydi, la chaleur de sa mère près de lui, la nuit, sous la tente. Et comme il aurait aimé entendre son père lui conter son dernier voyage !

Le soir, avant de s'endormir, il compte et recompte les jours en silence...

Tu es libre !

Au bout de trois semaines, Mouhamed est enfin de retour, accompagné de Karim.

Les deux hommes ont l'air grave et Amsy devine que la visite au campement ne s'est pas bien passée. « Qu'est-ce que tu as cru ? se sermonne-t-il. Que le maître accepterait de perdre ses esclaves sans rien dire ? »

Hadiza sert de l'eau aux visiteurs, qui s'installent autour de la table de la cuisine. Sans préambule, Karim raconte :

— Je me suis rendu au campement avec deux gendarmes. Une dizaine de Touaregs, en tenue d'apparat, nous attendaient ! Ils ne nous ont pas invités à entrer sous la tente.

Karim s'arrête un instant pour boire un peu d'eau et se tourne vers Amsy, resté debout près de la porte :

— Je n'ai pas réussi à voir tes parents.

Amsy est effondré. Les larmes lui montent aux yeux.

Tu es libre!

— Peut-être qu'on les a envoyés ailleurs, hasarde-t-il. Comme Assibit...

— Je crois plutôt qu'on les a maintenus à l'écart, intervient Mouhamed. Les Touaregs n'ont pas l'intention de céder.

— Il a raison, acquiesce Karim avant de reprendre son récit. La rencontre a été, disons, très officielle... Puisque le maître a refusé de nous révéler où étaient tes parents, les gendarmes leur ont rappelé que l'esclavage est un crime. Et ils leur ont remis une convocation pour le tribunal d'Abalak, que nous avions préparée pour le cas où... Le procès aura lieu le mois prochain.

— Vous êtes sûrs qu'ils se présenteront? demande soudain Hadiza. Et qui dit que la famille d'Amsy sera autorisée à se rendre au tribunal?

— Il y a toujours un risque, répond Mouhamed, mais, à mon avis, ils viendront. En général, les nomades préfèrent éviter les problèmes avec le gouvernement. Ils ont réagi par orgueil, ou pour

Tu es libre!

gagner du temps. Mais, au fond, ils ne peuvent pas nous empêcher d'agir et ils le savent. Je pense que s'ils cachent leurs esclaves, c'est parce qu'ils les craignent.

— Ils les craignent !? répètent d'une seule voix Amsy et Hadiza.

— Oui, ils ont peur qu'ils parlent, qu'ils disent clairement qu'ils veulent partir.

— Si leur maître était convaincu qu'ils préféreraient rester, il aurait tout intérêt à les laisser s'exprimer, non ? commente Karim.

Amsy réfléchit : Karim a raison, c'est logique.

— Et ma sœur ?

— Elle est en vie, le rassure Mouhamed. Le juge obligera les Touaregs à dire où elle habite.

— Je pourrai assister au procès ? demande Amsy.

— Et moi ? veut savoir Hadiza.

— Nous irons tous ensemble, affirme Mouhamed en souriant. Je vous préviendrai dès que j'aurai la date.

Tu es libre !

Il ajoute, à l'intention d'Amsy :

– Il faudra partir au milieu de la nuit.

Tout à coup, une petite voix se fait entendre :

– Et moi aussi, je viens au tribunal ?

C'est Abdou, qui n'a pas perdu une miette de la conversation et qui ajoute avec le plus grand sérieux :

– Je tiens à saluer la famille de mon frère !

Tout le monde s'esclaffe. Dans l'euphorie générale, Amsy saisit Abdou sans réfléchir et le place sur son épaule tout en le chatouillant. Pour la première fois, il a agi spontanément. Pour la première fois, il n'est plus *Amsy, l'enfant esclave*, il est *Amsy, l'enfant libre*, qui choisit et qui décide. Et le petit garçon qui hurle de rire dans ses bras est comme un vrai petit frère !

12

Comparée à Niamey, Abalak, avec ses ruelles de terre et ses petites maisons, a plutôt l'aspect d'un gros village que d'une véritable ville. Situé en son centre, le tribunal, une simple bâtisse couverte de chaux blanche, n'est pas plus grande que l'école d'Amsy à Niamey. Seule l'inscription *TRIBUNAL* au-dessus de l'entrée indique que c'est un bâtiment officiel.

Amsy est désappointé, presque inquiet. Il s'attendait à une maison luxueuse, à plusieurs étages et avec un jardin fleuri, comme les ambassades de la

Tu es libre !

capitale. Toutefois, la présence de sentinelles en uniforme postées devant la porte et celle d'un camion de gendarmerie le rassurent.

Quelques kilomètres avant d'arriver, il a profité d'une halte pour se recoiffer et arranger sa tenue. Il tient à ce que ses parents reconnaissent en lui l'enfant libre qu'il est désormais !

Abdou et Amsy, main dans la main, entrent les premiers dans la salle d'audience. Hadiza, Mouhamed et Karim marchent derrière eux.

La sentinelle qui les conduit leur annonce :

– La partie adverse n'est pas encore en place, mais vous pouvez vous installer.

– La partie adverse, ce sont les maîtres, chuchote Mouhamed à l'adresse des deux enfants. Ils sont nos adversaires, comme au football. Sauf que là, ce n'est pas un jeu.

La salle du tribunal est grande, lumineuse et dépouillée. Les quelques rangées de bancs qui font face au bureau du juge sont presque toutes occupées.

126

Tu es libre!

Personne ne parle. Mouhamed parcourt l'assemblée des yeux et désigne des places libres au troisième rang.

— Que veulent tous ces gens? lui demande Amsy, anxieux, en s'asseyant.

— Ils sont là pour d'autres affaires. Ils attendent leur tour.

— Des affaires d'esclavage?

— Pas forcément. Il y a aussi des divorces, des conflits entre voisins, des vols...

Amsy aimerait savoir si les plaintes pour esclavage sont nombreuses, mais il ne veut pas encore importuner Mouhamed avec ses questions.

Un jour, se dit-il, il vivra peut-être ici. Qui sait? Il pourrait devenir forgeron et posséder une boutique... Bizarrement, c'est en revenant dans la région de sa naissance que, pour la première fois, il songe à son avenir.

Soudain, la porte s'ouvre bruyamment. Tout le monde se retourne. Amsy voit entrer le maître et son épouse, accompagnés de plusieurs Touaregs du

Tu es libre!

campement. Lorsqu'il aperçoit Seydi, habillé de blanc des pieds à la tête, il retient son souffle et serre la main de Mouhamed. Pendant un court instant, il croise le regard de son ami et lit de la surprise sur son visage : son frère de lait a-t-il remarqué le nouvel Amsy? Un garçon propre dans son costume d'écolier, avec des chaussures aux pieds. Amsy ne sait pas si le jeune Touareg apprécie sa tenue, mais il se sent envahi par une immense fierté.

Peu après l'arrivée des accusés, c'est au tour des parents d'Amsy d'apparaître. Le garçon n'a pas vu sa mère depuis trois mois, son père depuis cinq; il avait presque oublié les détails de leurs visages. Tous deux ont revêtu leur tenue de fête. Son père, pieds nus, porte une ancienne chemise du maître, trop grande pour lui, et un pantalon délavé. Sa mère, habillée de noir et chaussée de tapettes en plastique, pourrait presque passer pour une *bella*[1].

---

1. Ancienne esclave.

Tu es libre!

Mais elle est si mal à l'aise qu'elle ressemble à un animal traqué.

Cependant, dès qu'elle remarque Amsy, son visage s'illumine. Elle s'arrête pour lui sourire. Amsy voudrait se jeter dans ses bras, lui dire sa joie de la revoir, mais l'émotion est trop forte, il est comme paralysé. Dans les yeux de Takané, il lit tant de choses : la surprise, la fierté, l'espoir et l'immense bonheur de découvrir son fils aussi beau.

Les Touaregs prennent place au premier rang, sur un banc qu'on vient d'ajouter. Les parents d'Amsy, eux, s'assoient timidement au fond de la salle. D'un geste, la maîtresse leur intime de se rapprocher d'eux. Ils se relèvent avec une telle précipitation que Backa fait tomber sa chaise, provoquant les rires de l'assemblée.

Dans la tête d'Amsy les paroles du maître résonnent : « Je l'ai élevé comme mon fils ! » Aujourd'hui, il aimerait lui poser une question : considère-t-il ses parents comme ses frères ?

Tu es libre !

Un homme jeune, de type touareg, fait son entrée dans la salle. Il porte une longue robe noire et tient un dossier sous le bras. Quelle chance, c'est celui dont Mouhamed a parlé !

Le public se lève, un chuchotement parcourt la salle :

— Le juge !

L'homme s'assoit derrière la grande table et annonce d'une voix claire :

— La séance est ouverte, vous pouvez vous asseoir.

Deux assistants l'accompagnent : un homme et une femme, qui prennent place à ses côtés et se mettent aussitôt à écrire.

Amsy ne peut s'empêcher de jeter des regards vers Seydi, qui a l'air aussi impressionné que lui. Il aimerait tant parler de sa nouvelle vie avec son ancien complice. Il en oublierait presque qu'ils ne jouent plus dans le même camp : désormais ils sont des adversaires !

13

Le juge met ses lunettes et se racle la gorge. Il dévisage chacune des personnes du rang, y compris les parents d'Amsy. Puis il déclare avec autorité :

— L'association Timidria, ici représentée, a porté à notre connaissance que les esclaves prénommés...

Il consulte son dossier :

— ... Takané et Backa, ici présents, manifestent le désir de sortir de leur condition d'esclave pour rejoindre leur fils, aujourd'hui libre. Est-ce exact ?

Mouhamed se lève pour répondre :

— Oui, c'est exact, monsieur le juge.

Tu es libre!

Amsy surveille ses parents avec anxiété. S'ils n'ont pas le courage de dire haut et fort qu'ils désirent quitter le maître, le tribunal risque de considérer que c'est l'association qui les influence et il empêchera leur départ.

Le juge se tourne vers les parents.

— Takané, demande-t-il d'une voix douce, voulez-vous quitter le maître ?

Amsy retient son souffle. Dans la salle, le silence est total...

Au bout d'une éternité, la mère hoche la tête, sans prononcer la moindre parole.

— C'est oui ou c'est non ? insiste le juge avec un sourire.

Amsy entend enfin la voix de sa mère :

— Je veux vivre avec mon fils.

En disant ces mots, elle regarde Amsy et lui sourit avec fierté.

Le juge s'apprête à poursuivre quand, soudain, la maîtresse proteste avec véhémence :

Tu es libre!

— Cette femme nous appartient! On la soigne comme un membre de la famille!

Son mari renchérit d'une voix plaintive:

— Vous voulez nous ruiner! Vous détestez les nomades! Tout est contre nous: le désert avance, nous n'avons plus d'eau, les animaux meurent, et voilà que des juges de la ville, qui ne connaissent rien à notre culture, veulent nous retirer nos travailleurs!

Le juge observe longuement le maître, avant de répondre sur un ton apaisant:

— Vous vous trompez. Je suis moi-même petit-fils de nomade. Je connais et respecte votre mode de vie. J'admire votre courage et votre fière allure. J'aime vos chansons et les contes de vos griots. Mais les temps changent. L'esclavage est fini.

Il insiste sur un ton plus ferme:

— Fini! Prenez des travailleurs, mais payez-les! Voilà la solution, et si...

Il ne peut achever sa phrase. D'un bond, le maître s'est rué vers lui. Or, Seydi s'est aperçu à

Tu es libre!

temps que le couteau de son père ne pendait plus à sa ceinture : d'un geste rapide, il lui ôte l'arme de la main et la remet à sa place. Personne ne s'est aperçu de rien. Seydi prend la parole :

– Excusez mon père, monsieur le juge. Il est un peu vif, mais il ne vous aurait fait aucun mal. C'est un brave guerrier.

Ces mots prononcés, il se rassoit, imité aussitôt par Backa.

– Très bien, déclare le juge, après avoir consulté ses deux collègues du regard. L'incident est clos. Reprenons :

« Depuis 2003, le Niger a criminalisé l'esclavage. Plus personne ne doit travailler pour un maître, contraint et forcé. Nous avons essayé de régler cette affaire à l'amiable, mais, d'après le rapport de la gendarmerie, les maîtres, ici présents, n'ont rien voulu entendre. Ils ont même interdit à leurs esclaves de se présenter à la police... »

– On leur avait dit de ne pas s'éloigner, prétend la maîtresse, mais ils ont disparu.

Tu es libre !

Le mensonge est tellement gros que le juge ne prend pas la peine de lui répondre et s'adresse directement aux parents d'Amsy :

– Je constate avec plaisir que vous êtes là, aujourd'hui, dans ce tribunal. Takané, vous nous avez déclaré que vous vouliez vivre auprès de votre fils. Et vous, Backa ?

La détresse du père est visible. Partir avec sa femme et son fils le tente sans aucun doute, mais cela lui paraît irréalisable. Remettre en question les traditions des Touaregs lui est insupportable et l'idée de vivre autrement le pétrifie. Amsy le comprend si bien ! D'autant que son père n'a aucune nouvelle d'Assibit.

Backa se met à parler, d'une voix si faible que personne ne l'entend. Le maître lui lance un regard menaçant.

– Parlez plus fort ! exige le juge.

Le père se racle la gorge et répète :

– J'accepte de travailler encore pour le maître, mais seulement s'il me rend ma fille qu'il a vendue.

135

Tu es libre !

Je ne veux plus qu'on m'enlève un enfant. Plus jamais.

Amsy a les larmes aux yeux ; Mouhamed lui prend la main.

— Vous n'avez pas répondu à ma question, insiste le juge : est-ce que vous voulez rester auprès du maître ou rejoindre votre fils ?

Le père se tourne alors vers Amsy pour la première fois. Il le dévisage intensément, jusqu'à ce qu'un sourire se forme sur ses lèvres.

— Je veux partir ! Je veux partir et qu'on me rende ma fille qui a disparu !

Le juge interroge aussitôt le maître :

— Dites-nous ce qu'est devenue cette jeune fille ?

La maîtresse, de nouveau, ne parvient pas à contenir sa colère :

— Vous nous spoliez ! Vous voulez notre perte ! Jamais vous ne retrouverez Assibit ! Jamais vous ne la reverrez !

Elle respire avec difficulté et se met à rire comme une démente :

Tu es libre !

— D'ailleurs j'ai oublié où elle est ! Oublié, vous m'entendez !

La salle se tait, figée.

Le maître prend le bras de sa femme et le serre aussi fort qu'il peut. Puis il demande au juge d'une voix glaciale :

— Ma femme est malade. Puis-je rentrer la soigner ? Vous avez pris nos esclaves. C'est assez pour aujourd'hui !

Le juge acquiesce de la tête.

D'un pas lent, le maître quitte la pièce, en entraînant sa femme. Son fils et les autres Touaregs le suivent : aucun d'eux n'a un geste pour les parents d'Amsy, toujours assis sur leur chaise, immobiles... Seydi, aussi raide que son père, n'a pas un seul coup d'œil pour son frère de lait.

Alors que Mouhamed se lève à son tour pour sortir, le juge lui fait signe de s'approcher du bureau :

— C'est bien l'association... Timidria qui prend le couple en charge ? Ils ne possèdent absolument rien...

Tu es libre!

– Oui, monsieur le juge. C'est Timidria, lui répond Mouhamed.

Amsy prend la main de sa mère, tandis que son père se redresse lentement, presque douloureuse-ment. Abasourdi. Une fois de plus, c'est Abdou qui, du haut de ses quatre ans, détend l'atmosphère ; le voici qui s'avance au-devant des parents d'Amsy :

– Alors, c'est vous les parents de mon frère ?

À la surprise d'Amsy, son père se détend, comme si tous les ressorts de son corps fatigué s'étaient soudain relâchés. Il soulève le petit garçon dans ses bras :

– Ton frère ?!

Puis, il lui sourit en ouvrant grand les yeux :

– Oui... Amsy est ton frère, et moi, je suis son père.

14

Il est plus de midi, le soleil est aveuglant, le paysage blanc et poussiéreux. Hadiza et Abdou doivent prendre le bus pour Niamey ; on se hâte pour ne pas rater le départ.

Abdou a l'air malheureux. Mouhamed lui explique :

— Amsy doit rester avec ses parents, tu comprends ? Karim va les aider à s'installer.

Hadiza tend à Amsy un sac qui contient ses quelques vêtements, ses cahiers et sa trousse en plastique rouge.

Tu es libre!

– Si j'ai oublié quelque chose, lui dit-elle en l'embrassant, tu le retrouveras quand tu viendras nous voir, hein?

Amsy est trop ému pour répondre. Pour la deuxième fois, en quelques mois, on l'arrache à ceux qu'il aime. Bien sûr, Hadiza et Abdou ne sont pas vraiment sa famille, mais sa tristesse n'en est pas moins profonde. Le garçon regarde ses parents qui semblent un peu perdus. Désormais, ils vont vivre ensemble, et c'est à lui, leur fils, de leur apprendre la liberté.

Le bus, bondé, démarre. Le chauffeur klaxonne pour prévenir ceux qui palabrent encore sous l'auvent de la gare ; les retardataires devront grimper en marche.

Hadiza a trouvé deux places assises. Abdou, le visage collé contre la vitre, est hilare ; Amsy lui fait d'horribles grimaces tout en courant à côté du véhicule.

Tu es libre!

Bientôt, Amsy doit s'arrêter. Seul, à la sortie de la gare, les bras ballants, il regarde le bus s'éloigner. Une nouvelle vie commence, une troisième vie...

— On y va ? l'appelle Karim.

15

Les quartiers populaires d'Abalak se situent à la périphérie de la ville. Ici, les maisons sont minuscules, en parpaings nus ou en terre, avec des toits en tôle. Çà et là, quelques tentes révèlent la présence d'anciens nomades ou d'anciens esclaves. Pour avoir de l'eau, il faut aller la tirer au puits, comme dans le désert.

L'arrivée du petit groupe attise la curiosité des habitants. Les enfants courent autour d'eux en criant :

— Des nouveaux ! Encore des nouveaux !

Tu es libre!

Certains se bousculent pour les toucher. Karim tente de les éloigner, en vain. Amsy se rappelle le jour où le Français est venu photographier la famille du maître : tous les enfants du campement s'étaient approchés de lui, espérant le voir de plus près, le toucher, lui aussi !

Karim désigne un terrain inoccupé aux parents d'Amsy.

— Voici votre parcelle de terre, achetée par Timidria avec l'aide d'amis étrangers, leur explique-t-il.

Backa et Takané l'écoutent sans mot dire.

— Vous recevrez une toile, de la corde et des piquets pour construire votre abri. Nous vous donnerons des sacs de mil, du sorgho, des condiments ; des assiettes, une casserole, un mortier et un pilon pour écraser le mil... Demain, nous irons au marché avec Mouhamed et Amsy. Nous vous achèterons quatre chèvres et trois moutons. Plus tard, vous aurez un vrai troupeau !

Karim s'adresse à Takané :

Tu es libre!

— Pendant que tu t'occuperas des bêtes, ton mari, lui, travaillera avec un éleveur de chameaux.

Backa se crispe légèrement.

— Vous serez payé, le rassure Mouhamed. Vous subviendrez ainsi à vos besoins. Vous continuerez à vous occuper de chameaux, mais en homme libre !

Les parents d'Amsy se détendent un peu : non, ils ne rêvent pas ! Ils se sourient, puis, sans prévenir, ils se jettent à terre afin de remercier Mouhamed et Karim.

Ce geste de soumission, Takané et Backa mettront des années à s'en débarrasser.

— Vous ne nous devez rien, leur dit Mouhamed en les aidant à se relever. Je fais simplement pour vous ce que d'autres ont fait pour ma famille.

— Vous êtes responsables de vous-mêmes et de vos biens, ajoute Karim. Dorénavant, plus personne ne vous exploitera. L'association vous donne ces animaux et ces ustensiles pour vous aider à démarrer. Ensuite, vous vous débrouillerez, seuls.

Tu es libre !

Pour ça, Amsy ne se fait pas de souci : ses parents ne sont pas du genre négligent ! Au contraire ! Et ils seront trop heureux d'avoir enfin des bêtes et des objets à eux.

— Allez, lance Mouhamed, il est temps de monter la tente et de préparer un feu pour ce soir.

En ramassant du bois dans une forêt d'épineux, un peu à l'écart du quartier, Amsy pense à sa première rencontre avec Mouhamed. Il a l'impression que c'était hier ! Pourtant, il en a parcouru du chemin, depuis !

Amsy choisit ses brindilles avec soin ; ce soir, tout doit être parfait. Pour la première fois, la famille va manger autour d'un feu. Autour de son propre feu ! Il n'y aura ni griot ni chanteur, mais qui sait ? Backa racontera peut-être une histoire ! Il y en a une, terrible, dont Amsy ne se lasse pas ; celle de la très belle jeune fille qui épouse un étranger, en réalité un djinn sanguinaire, et qui se fait dévorer le

Tu es libre !

soir de leurs noces ! La première fois qu'Amsy l'a
entendue, il s'est approché du feu en silence. Il est
resté tapi dans la pénombre, juste derrière les invités,
osant à peine respirer. Heureusement que les maîtres
n'avaient pas eu besoin de ses services !

Oui, ce soir, pour leur premier repas en liberté,
Backa racontera une histoire ; parce qu'il faut que
ce soit un repas joyeux, malgré l'absence d'Assibit,
et seules les histoires permettent de surmonter certaines peines.

16

Quatre mois se sont écoulés depuis le procès.

La vie d'Amsy et de ses parents s'organise. Désormais, près de la petite tente se dresse une case en ciment avec un toit en tôle. La famille y dormira quand les nuits seront trop froides.

Backa travaille comme berger et son patron l'apprécie. Takané s'occupe de ses chèvres et de ses moutons, de la maison et des repas, tandis qu'Amsy va à l'école du quartier. Ses progrès sont spectaculaires. Son professeur envisage même de l'inscrire bientôt au lycée d'Abalak.

Tu es libre !

Amsy rapporte régulièrement des livres de la bibliothèque et, chaque soir, il lit à haute voix pour ses parents.

— Tout cela est écrit dans le livre ? s'étonne parfois sa mère, incrédule. Tu n'inventes rien ?

Les récits préférés de Backa et Takané racontent la vie des nomades ; ce sont des histoires de djinns transformés en animaux, d'oasis dans le désert, de guerriers touaregs chevauchant au milieu des dunes. Amsy, lui aussi, est fasciné par ces vaillants hommes bleus et leurs chameaux magnifiquement harnachés. Leurs aventures lui font penser à Seydi.

Que devient son frère de lait ? Un nouvel ami a-t-il pris sa place auprès de lui ? Amsy aimerait tant le revoir, lui parler...

Dans le potager de Takané, les premières tomates sont mûres. Elles sont belles et leur chair est bien ferme ! Takané a décidé d'en vendre une partie.

Karim, qui vient souvent les voir, lui suggère de

Tu es libre !

les vendre au marché situé dans un quartier aisé, au nord de la ville, où l'on apprécie les beaux légumes.

— Il faut y aller très tôt, le matin, lui conseille-t-il. Tu trouveras une place où t'installer plus facilement. Et Amsy pourra t'accompagner.

C'est une bonne idée ! Takané est soulagée, car compter l'argent n'est pas son fort. Elle reconnaît les pièces qu'elle utilise pour ses petits achats, mais pas encore les billets. L'aide de son fils lui sera précieuse.

Amsy écoute Karim avec admiration. Lorsqu'il sera plus grand, il aimerait travailler, lui aussi, pour l'association Timidria...

Le jour du marché, Takané et Amsy ont pris le premier autobus pour se rendre dans le nord de la ville.

Le soleil se lève à peine. Il y a déjà du monde, mais ils trouvent facilement un petit coin de rue où s'installer, au pied d'un haut mur, un peu à l'écart des plus belles demeures d'Abalak.

Tu es libre !

Takané s'assoit en tailleur et étale devant elle un large tissu sur lequel elle dispose ses tomates. Un peu partout, d'autres femmes se préparent, comme Takané, à vendre leur production...

Non loin, deux hommes discutent le prix d'une chèvre attachée à un poteau. Amsy s'approche et écoute. La négociation est vive et les chiffres annoncés lui paraissent importants. Bientôt, ses parents, eux aussi, pourront vendre une chèvre. Cette idée le remplit de fierté.

Une passante s'approche de Takané et lui demande le prix de ses tomates. Celle-ci, craintive, répond si doucement que la cliente n'a rien entendu ; Amsy est obligé de répéter après elle. La femme trouve que c'est cher, mais elle achète tout de même trois tomates, qu'elle fourre dans son panier.

« La journée commence bien ! », se réjouit Amsy en recomptant les sous de cette première vente. Avec cet argent, il pourrait offrir un cadeau à

Tu es libre!

Mouhamed! Une petite boîte pour mettre son tabac ou une *kafiah*[1] jaune, de la couleur du soleil! Il s'apprête à en parler à sa mère, mais quelque chose retient l'attention de Takané. En suivant son regard, Amsy remarque aussitôt une femme dans la foule: c'est Mama, la sœur de leur ancienne maîtresse, qui marchande quelques dattes de sa voix criarde.

« Elle n'a pas changé celle-là! Une vraie vipère! », peste Amsy intérieurement, en se souvenant des vieux esclaves qu'elle a mis à la rue.

Brusquement, il se fige: Mama vient de confier son panier à une jeune fille qui se tient derrière elle; cette jeune fille, toute vêtue de noir, c'est...

N'est-il pas en train d'halluciner? Au même instant, sa mère pousse un cri rauque:

– ASSIBIT!!!

Cette jeune esclave est bien sa sœur! Aucun doute possible!

---

1. Grand turban que les Touaregs portent autour de la tête.

Tu es libre!

Ensuite, tout se précipite. En entendant son nom, Assibit lève la tête : elle voit sa mère, son frère. Son visage s'illumine. Bouleversée, incrédule, elle reste là, immobile et muette.

Takané se redresse d'un bond, s'élance en écrasant ses tomates. Les bras tendus, elle avance, telle une somnambule, en répétant le prénom de sa fille.

À son tour, Mama vient d'apercevoir Amsy et Takané. Elle agrippe la manche d'Assibit en criant :

– Cette femme et son fils sont des esclaves ! Je les connais ! Ce sont des ingrats qui ont fui leurs maîtres !

Elle pointe le doigt sur Takané :

– Ne m'approche pas, sorcière !

De sa main libre, elle récupère son panier et s'éloigne en tirant son esclave par le bras.

Amsy doit faire vite, il a peu de temps pour agir. Sa sœur se débat avec frénésie pour se dégager ; la tante hurle si fort que les curieux se massent autour d'eux. Ils ne savent que penser.

Tu es libre!

S'agit-il d'une pauvre femme, à qui on a volé son porte-monnaie ?

Amsy n'est plus l'enfant esclave que Mama a connu ; il peut hurler bien plus fort qu'elle :

— C'est ma sœur ! Cette femme n'a pas le droit de la retenir !

Mama est si abasourdie qu'elle reste coite. Dans la foule, on chuchote, on attend... Amsy reprend son souffle et débite d'une traite :

— La loi de notre pays interdit l'esclavage. Ma sœur, Assibit, ne le sait pas, car personne ne le lui a dit. Mais moi, je le sais, et vous tous, vous le savez. Aucun être humain ne peut appartenir à un autre. Si cette femme refuse de libérer ma sœur, le tribunal la convoquera, et le juge lui expliquera qu'Assibit est libre, comme moi, son frère, je suis libre, et comme notre mère est libre, elle aussi !

Amsy s'approche de sa sœur et répète :

— Tu es libre, Assibit. Libre ! Viens avec nous !

Hélas, la jeune fille ne parvient pas à se dégager. Mama ne lâche pas prise. Takané, en larmes,

Tu es libre !

contemple la scène sans oser s'approcher de sa fille...

Amsy ne sait que faire pour gagner la sympathie de la foule. Si celle-ci prend le parti de Mama, la mauvaise femme aura le champ libre pour s'éclipser avec son esclave. Il faudra peut-être attendre des mois avant de retrouver Assibit !

Les gens s'interrogent du regard. L'un des deux hommes qui, tout à l'heure, négociaient le prix de la chèvre lance :

— Le petit a raison : l'esclavage, c'est terminé ! Laissez partir cette gamine, ou je vais chercher un policier.

C'est alors que surgit un vieux Touareg en turban blanc. Sa seule présence force le respect.

— Cette fille est bien traitée, affirme-t-il. On voit qu'elle mange à sa faim. Où est le problème ?

Les visages se tournent vers lui. Il poursuit :

— Vous ne rendez pas service à cette enfant en lui montant la tête. Voulez-vous qu'elle meure de faim

Tu es libre !

avec sa mère, qui n'a que quelques tomates pour survivre ? L'esclavage doit peut-être cesser, mais pas du jour au lendemain. On ne peut pas laisser détruire nos traditions pour faire plaisir à quelques agitateurs !

Le Touareg marque des points. Amsy sent que les esprits sont ébranlés. Il attrape Assibit par les épaules d'un geste protecteur et lance bien fort :

– Ma sœur est libre ! Vous craignez qu'elle ait moins à manger ? Ce n'est pas si sûr. L'important, c'est qu'elle décide de sa vie. Ma sœur est comme vous tous, elle a droit à la liberté !

Enhardie par ces paroles, Assibit trouve enfin le courage de s'exprimer :

– Je déteste cette femme ! Je veux vivre avec ma famille !

Une rumeur s'élève dans la rue.

– Le petit a raison ! C'est scandaleux !

– Laissez donc cette fille rejoindre sa mère !

– L'esclavage est une honte !

Tu es libre !

Cette fois, la partie est gagnée ! Mama lâche Assibit et disparaît dans la cohue en glapissant :

— Je vais revenir avec la police ! Vous allez voir !

Elle peut bien gémir, la vieille Mama ! Le vieux Touareg s'est éclipsé, elle est seule, et plus personne ne l'écoute. Assibit est déjà dans les bras de sa mère. Amsy lui caresse la tête, et la foule, joyeuse comme un jour de mariage, les félicite en tapant dans ses mains.

Soudain, Takané relève la tête, inquiète :

— Mes tomates... Où sont mes tomates ?

Sur le tissu, il n'y en a plus.

— On me les a volées ! dit-elle, plus dépitée que furieuse.

Puis elle croise le regard de sa fille et se met à rire :

— Tu te rends compte, Assibit ? Nos premières tomates !

— Ce doit être ce vautour de Mama ! lance Amsy. Appelons la police !

Tu es libre!

Tout le monde s'esclaffe. Quel plaisir pour Takané et Amsy de revoir les deux fossettes familières creuser les joues d'Assibit! Il y a si longtemps qu'elle n'a pas dû rire!

« Maintenant, se dit le garçon, notre vraie vie peut commencer! »

Épilogue

Six mois ont passé depuis le retour d'Assibit. Chaque jour apporte encore son lot de nouveautés et de progrès. Les notes d'Amsy demeurent excellentes. Assibit, malgré des débuts difficiles, commence à lire et à écrire. Le père a été embauché par un autre éleveur qui le paye mieux que le premier. Takané continue de vendre au marché les légumes de son potager. Une des chèvres a donné naissance à deux chevreaux, qu'Amsy a baptisés Fanta et Coca.

Tu es libre !

Un matin, le postier s'arrête devant la maison. C'est la première fois et toute la famille s'inquiète : bonne ou mauvaise nouvelle ?

— Je cherche un dénommé Amsy, dit le postier. Je dois lui remettre ceci en main propre.

Amsy signe son nom sur une fiche et prend le paquet. Qu'est-ce que cela peut être ? Un cadeau de ses amis de Niamey ? Ce n'est pourtant pas le mois de son anniversaire...

À l'intérieur, il découvre un couteau et un objet en cuir qu'il reconnaît aussitôt : le couteau et le grigri de Seydi ! Sur une feuille d'écolier, son ami a écrit :

« Cher frère,

Je sais que tu vas bien, ainsi que ta famille.

Je te demande pardon de n'avoir rien dit au tribunal, mais j'étais obligé de suivre mon père.

Tu ne peux savoir la joie que j'ai eue en apprenant le retour chez vous de notre Assibit bien-aimée !

Tu es libre!

Ma vie est belle, mais mon frère me manque. Il n'y a pas un jour où je ne pense à lui.

J'ai rencontré Mouhamed. Il m'a dit que tu étais un excellent élève.

Plus tard, qui sait, nous ferons de grandes choses ensemble! Ouvrir un garage, par exemple, ou un café-restaurant, ou partir avec des troupeaux vers des pays lointains!

Je t'envoie ces présents pour te rappeler que mon amitié est forte, aujourd'hui comme hier.

J'espère que tu répondras vite à ton frère, qui aimerait tant te revoir.

Seydi.»

Timidria est une association de Nigériens qui luttent pour abolir vraiment l'esclavage au Niger. Beaucoup d'entre eux sont d'anciens esclaves.

Réagir dans le Monde est une association française, présidée par Dominique Torrès, qui s'efforce aussi de récolter des fonds pour permettre à ces hommes, femmes et enfants, tout juste libérés, de pouvoir vivre les premiers mois, car comme pour Amsy, sa sœur et ses parents, sans cette aide, il n'y a pas de liberté possible.

Une partie des bénéfices de ce roman sera versée directement à l'association.

Site de l'association : www.reagirdanslemonde.com

Dans la même collection

La fée et le géomètre
de Jean-Pierre Andrevon

La marque de l'Élue
d'Aiden Beaverson

**La fille
au pinceau d'or**
de Marie Bertherat

**Le destin de
Linus Hoppe**
d'Anne-Laure Bondoux

**La seconde vie de
Linus Hoppe**
d'Anne-Laure Bondoux

La Tribu
d'Anne-Laure Bondoux

Loulette
de Claire Clément

Noé
de Claire Clément

Par-dessus le toit
d'Audrey Couloumbis

Les chats
de Marie-Hélène Delval

Si je reviens
de Corinne Demas

**La
satanormaléficassassinfernale
potion du
professeur Laboulette**
de Michael Ende

Francie
de Karen English

**Il était une fois un garçon,
un troll, une princesse...**
de Jean Ferris

35 kilos d'espoir
d'Anna Gavalda

Les messagères d'Allah
d'Achmy Halley

Adam, comme un conte
de Martine Laffon

Les aventuriers du Nil
de Christophe Lambert

Le cri de l'épervier
de Thomas Leclere

**Myriam choisie
entre toutes**
de Thierry Leroy

**Moïse, le prince
en fuite**
de Julius Lester

Le Chevalier du vent
de Claude Merle

Jésus, comme un roman...
de Marie-Aude Murail

**L'autre visage
de la vérité**
de Beverley Naidoo

**Méléas
et le warlack**
de Ian Ogilvy

Silverwing
de Kenneth Oppel

Sunwing
de Kenneth Oppel

Firewing
de Kenneth Oppel

Fils du ciel
de Kenneth Oppel

Brise-ciel
de Kenneth Oppel

Accusée !
de Frances O'Roark Dowell

Une maison, un jour...
de Frances O'Roark Dowell

La rançon du pestiféré
d'Adeline Paulian-Pavageau

Les orangers de Versailles
d'Annie Pietri

**L'espionne
du Roi-Soleil, T. 1**
d'Annie Pietri

Le collier de rubis, T. 2
d'Annie Pietri

Les Miroirs du palais
Le serment de Domenico, T. 1
d'Annie Pietri

La moitié d'un vélo
de Derek Smith

Les ombres de Ghadamès
de Joëlle Stolz

Loin de Ghadamès
de Joëlle Stolz

**Le magicien
de Samarcande**
d'Allan Temperly

**Liu
et le vieux dragon, T. 1**
de Carole Wilkinson

**Liu
et le dragon pourpre, T. 2**
de Carole Wilkinson

**Le prince
des apparences**
de Catherine Zarcate

L'expédition disparue
de Christa-Maria Zimmermann

*Cet ouvrage a été mis en pages
par DV Arts Graphiques à La Rochelle*

Impression réalisée par

La Flèche

*en novembre 2009
pour le compte des Éditions Bayard*

Imprimé en France
N° d'impression : 55040